Llamó a los que Él quiso

DANILO ANTONIO MEDINA

Llamó a los que Él quiso

La vocación en la Biblia

SAN PABLO

© SAN PABLO 2025
   Protasio Gómez, 11-15. 28027 Madrid
   Tel. 917 425 113
   secretaria.edit@sanpablo.es - www.sanpablo.es
© Danilo Antonio Medina Leguizamón, 2025

Distribución: SAN PABLO. División Comercial
Resina, 1. 28021 Madrid
Tel. 917 987 375
ventas@sanpablo.es
ISBN: 978-84-285-7306-1
Depósito legal: M. 5.151-2025
Impreso en Artes Gráficas Gar.Vi. 28970 Humanes (Madrid)
Printed in Spain. Impreso en España

Introducción
Llamados a la vida

La significación propia del término *vocación* trae consigo la idea de *llamamiento,* y no hay una «llamada» sin alguien que llame, por eso es imposible comprender el sentido de toda «vocación cristiana» sin acercarse al misterio mismo de Dios, que se ha revelado como fuente inagotable de amor. La vocación es, pues, un misterio de amor, el amor creativo del Autor de la vida que interpela a cada ser humano y lo sostiene con su gracia para que pueda acoger y responder generosamente a su llamada.

La realidad vocacional, como don divino, forma parte inseparable del proceso de la revelación contenido en la Biblia y acompaña al hombre a lo largo de toda su historia. Por eso es que os invito, amigos lectores, a realizar juntos un recorrido por el mundo de la «vocación», a partir de la historia de la salvación e iluminados por la Palabra de Dios. Esta perspectiva, sin embargo, no nos puede dispensar del deber de remitirnos también a nuestra propia experiencia personal, la de cada uno, como personas «llamadas» por el Señor.

Probablemente, cuando vayamos fijando nuestra mirada en la vocación de los grandes personajes bíblicos, podremos descubrir con admiración y alegría que la llamada que nosotros hemos recibido, e incluso nuestras incertidumbres y dificultades para responder, estuvieron también presentes en la experiencia vocacional de Abrahán, Moisés, los profetas del Antiguo Testamento, la Virgen María, los apóstoles, san Pablo, y los «vocacionados» de todos los tiempos. Esta constatación nos confortará y llenará de entusiasmo para proseguir nuestro proceso de discernimiento vocacional.

Propongo, entonces, que sin mayores preámbulos tomemos nuestra Biblia y la abramos por sus primeras páginas –capítulos 1 y 2 del libro del Génesis–. Dejo al lector el gusto de leer por su cuenta el texto completo (Gén 1,1–2,19), yo me limito a poner de relieve solo algunas de las afirmaciones allí contenidas, que pueden ayudarnos a comenzar nuestra modesta «peregrinación vocacional» por los caminos de la Sagrada Escritura:

Dijo Dios: «Hagamos al hombre a nuestra imagen y semejanza...» (1,26).

Y creó Dios al hombre a su imagen. A imagen de Dios lo creó. Macho y hembra los creó. Dios los bendijo... (1,27-28).

Vio Dios que todo cuanto había hecho era muy bueno... (1,31).

Yahvé-Dios formó al hombre con polvo de la tierra, y sopló en sus narices aliento de vida, y lo hizo un ser viviente (2,7).

Fuimos llamados por Dios a la existencia: esta es la primera y fundamental vocación. La vida es el más grande regalo recibido del Señor, por eso, nuestra respuesta y gratitud ante este don se debe manifestar en la defensa y cuidado de la vida. En medio de una sociedad como la nuestra, marcada visiblemente por signos de muerte (violencia, egoísmo, injusticia, indiferencia...), nuestro primer «deber vocacional» implica un decidido compromiso en favor de la vida, particularmente de la vida humana, creada a *imagen y semejanza de Dios*. Precisamente en esto consiste la sagrada dignidad de cada persona, en el hecho de haber sido creada a imagen y semejanza de Dios, constituida desde entonces en privilegiado santuario del *soplo vivificante* del Creador (= Espíritu Santo).

Esta altísima dignidad y vocación original que descubrimos en los relatos bíblicos de la creación, además de suscitar nuestra alegría, debe también mover nuestra voluntad a realizar tareas y empeños concretos al servicio de la vida. Por ejemplo, en la medida en que cuidemos el ecosistema y la naturaleza, en la medida en que promovamos la igualdad y la solidaridad, la justicia y los Derechos humanos, la fraterna y pacífica convivencia entre pueblos, razas y culturas; en definitiva, en la medida en que respetemos y defendamos la dignidad de la vida, tanto la personal, como la de nuestros semejantes, en esa misma medida estaremos dando una respuesta positiva a la primera y más importante vocación recibida de Dios.

Queda a cada uno de nosotros el deber de encontrar las situaciones concretas, sencillas pero eficaces, en las cuales podamos demostrar nuestra fidelidad cotidiana a la causa de la vida que, como hemos repetido, es expresión cierta de la voluntad del Señor que nos llamó a la existencia.

1

Abrahán:
fe y obediencia
al proyecto de Dios

En estos primeros pasos de nuestra caminata vocacional, fijamos ahora nuestra atención en Abrahán. Y la primera pregunta que surge es un poco desconcertante, pero espontánea: ¿Qué puede decirnos la figura de este personaje bíblico tan lejano a nosotros en el tiempo? ¿Acaso en nuestro proceso vocacional podemos aprender algo de este «patriarca» de hace casi cuatro mil años? Con vosotros, lectores, quiero también tratar de encontrar alguna respuesta, para lo cual os invito a recurrir nuevamente al libro de cabecera que nos orienta en esta peregrinación: la Biblia.

En el primer libro de la Biblia (Génesis) encontramos la historia de Abrahán (11,26–25,11); de este relato, por el momento nos interesa detenernos en el pasaje donde se narra la vocación de Abrahán (Gén 12,1-4) y, como es un texto breve, recordémoslo completo en este momento:

El Señor dijo a Abrán: «Deja tu país, a los de tu raza y a la familia de tu padre, y anda a la tierra que yo te mostraré. Haré de ti una gran nación y te bendeciré; voy a engrandecer tu nombre, y tú serás una bendición. Bendeciré a quienes te bendigan y maldeciré a quienes te maldigan. En ti serán bendecidas todas las razas de la tierra». Partió, pues, Abrán, tal como se lo había dicho el Señor, y junto con él fue también Lot.

Lo primero que descubrimos en el relato es el nombre de Dios, ¿por qué? Porque Él es quien llama; Él es quien toma la iniciativa. Viene luego el nombre del llamado; y tal vez pudiéramos pensar que se equivocó quien escribió, pues no dice Abrahán, sino Abrán, este dato es también importante pues, si leemos más adelante en el mismo libro del Génesis (17,5), encontramos un episodio en el cual el Señor le cambia el nombre de *Abrán* por *Abrahán*, para significar la misión que le está confiando; quien ha sido llamado por Dios debe darle un nuevo sentido a su vida.

Seguramente nos hemos dado cuenta de que las cosas preciosas tienen un alto coste; también la vocación tiene su precio a pagar, y es el de las renuncias. Abrahán debió renunciar a la seguridad que le brindaba su país, su pueblo, su familia. Tuvo que renunciar también a sus propios proyectos y deseos para asumir el proyecto de Dios, que quería convertirlo en el «padre de una multitud», el padre del pueblo elegido del Señor. Pero la renuncia inicial representaba para él una futura ganancia mayor. La vocación exige además un movimiento, un dinamismo: «Anda a la tierra que te mostraré»; de modo que la realidad vocacional de llamada-respuesta no es algo estático, es un proceso, que nos saca de nosotros mismos y nos proyecta a los horizontes del Señor, que quiere convertirse, a la vez, en el compañero de camino que nos asegura su bendición, como a Abrahán.

Cuando Dios llama es para encargar una misión: a Abrahán le confió la tarea de ser el fundador del pueblo de la Alianza, del cual nacerá el Salvador, por eso le anuncia que será un motivo de bendición para toda la humanidad. También en nuestro caso, si Dios nos llama es porque quiere que seamos «instrumentos de bendición» para todos los pueblos; Él quiere que seamos signos de su presencia en el nuevo pueblo escogido que es la Iglesia, y que comuniquemos la salvación realizada en Jesucristo.

El texto termina dando testimonio de la respuesta de Abrahán: «Partió... como le había dicho el Señor». Seguramente no fue fácil para Abrahán decir sí y ponerse en camino, obedecer a Dios solamente por la fe en su Palabra, abandonar el propio ambiente para ir tras algo que solo era una promesa en ese momento. Pero gracias a esa obediencia nacida de la fe, pudo ayudar en la realización del plan divino; Dios ha querido contar con la colaboración humana para llevar a cabo su proyecto salvífico en favor de toda la humanidad.

De la misma manera, cuando nosotros nos dejamos guiar por la fe para responder al Señor, obedeciendo con fidelidad a la misión que nos confía, podemos convertirnos en colaboradores suyos para beneficio de todo el mundo; es entonces cuando descubrimos que aquellas «renuncias», que parecían demasiado difíciles, adquieren un gran valor, en cuanto que nos ayudan a responder con mayor libertad y generosidad al Dios que llama. Descubrimos, además, que no estamos solos en esta obra: somos muchos. Así como a Abrahán lo acompañó su pariente Lot, también nosotros contamos con la solidaria compañía de muchos otros hermanos que han sido igualmente escogidos por el Señor como cooperadores en su plan de salvación universal.

Llegados a este punto, creo que ya podemos decir que la figura de Abrahán, aunque lejana en el tiempo, en realidad es muy cercana a nosotros, porque nuestra experiencia vocacional tiene muchos aspectos que formaron parte también de su historia vocacional. Podemos, así mismo, aprender de su ejemplo de fe y obediencia, de su disponibilidad para renunciar a ciertos valores en función de otros aún mayores. De modo que si ya hemos oído la voz de Dios, ahora nos toca la responsabilidad de «partir» por los senderos que Él mismo nos indique, para ser signos de bendición en nuestro mundo, consolados con la alegre certeza de que no estamos solos en este camino: Dios mismo y muchos otros hermanos vienen a nuestro lado para sostenernos y darnos valor en los momentos de fatiga y dificultad.

2

Moisés:
liberador a pesar suyo

En el segundo libro de la Biblia, es decir, en el Éxodo, encontramos el relato que nos acompañará y orientará en esta nueva etapa de nuestra reflexión vocacional. Concretamente, es Moisés el personaje bíblico que nos sirve ahora de modelo. A quien desee conocer ampliamente la figura y obra de Moisés le sugiero leer todo el Éxodo, le prometo que no se arrepentirá, ya que este libro contiene una de las etapas más interesantes e importantes de la historia de la salvación. Para nuestro propósito particular de carácter vocacional, nos basta, por ahora, fijar la atención en los capítulos 3 y 4; allí encontramos el relato del llamamiento que Dios dirige a Moisés, en el famoso episodio de «la zarza que ardía sin consumirse».

De este pasaje bíblico me permito enfatizar aquellas expresiones que pueden ser especialmente significativas en clave vocacional:

Moisés cuidaba las ovejas de Jetró, su suegro… Una vez llegó al monte de Horeb, esto es, el monte de Dios. El ángel del Señor se presentó a él bajo las apariencias de una llama ardiente, en medio de una zarza… *Dios lo llamó de en medio de la zarza: «Moisés, Moisés».* Él respondió: «Aquí estoy». El Señor le dijo: «No te acerques más. Quítate tus sandalias, porque el lugar que pisas es tierra sagrada». Y Dios agregó: «Yo soy el Dios de tus padres… *He visto la humillación de mi pueblo en Egipto, y he escuchado sus gritos cuando los maltratan sus opresores.* Yo conozco sus sufrimientos. *He bajado para liberar a mi pueblo* de la opresión de los egipcios y para llevarlo a un país grande y fértil… *Ve, pues, yo te envío* al Faraón para que saques de Egipto a mi pueblo, los hijos de

Israel». *Moisés dijo a Dios: «¿Quién soy yo para ir donde el Faraón y sacar de Egipto a los hijos de Israel?». Dios respondió: «Yo estoy contigo...»* (cf Éx 3,1-12).

Y después de muchas preguntas y obstáculos planteados por Moisés y otras tantas respuestas y señales de parte de Dios, el relato continúa:

Moisés dijo al Señor: *«Te suplico que tengas presente que yo nunca he tenido facilidad para hablar...* pues no encuentro palabras para expresarme». Le respondió el Señor: *«¿Quién ha dado la boca al hombre? ¿Quién hace que uno hable y otro no?... ¿No soy yo? Anda ya, que yo estaré en tu boca y te diré lo que has de hablar».* Insistió Moisés y dijo: *«Por favor, Señor, ¿por qué no mandas a otro?».* Entonces el Señor se enojó y le dijo: *«¿No tienes a tu hermano Aarón, el sacerdote? A él no le faltan las palabras... Aarón hablará por ti igual que un profeta habla por su Dios...»* [...]. *Moisés y Aarón partieron juntos a Egipto...* El pueblo creyó; *comprendieron que el Señor había visto sus sufrimientos y venía a visitarlos…* (cf Éx 4,10-31).

El Dios de la Biblia, es decir, nuestro Dios, que está en el origen de toda vocación, es un Dios con entrañas de padre y madre, no es indiferente ante la situación de dolor o de alegría de sus hijos, es el Dios que *ve la opresión* que sufre su pueblo, *escucha sus gritos y lamentos*, y *decide bajar a liberarlo* por medio de sus mensajeros. En Moisés encontramos una figura o anticipo de la obra liberadora por excelencia realizada en Cristo. De hecho, el mismo Jesús, al inicio de su vida pública, reconocía que su misión de Hijo de Dios hecho hombre consistía en «anunciar la Buena Nueva a los pobres, la liberación a los oprimidos y el consuelo a los afligidos» por la fuerza del Espíritu Santo (cf Lc 4,16-22).

Nosotros también, como Moisés, y sobre todo en la línea de la misma misión de Jesús-liberador, hemos sido llamados por Dios para acompañar a nuestro pueblo en su camino hacia la libertad; también nosotros debemos ayudar a romper los yugos que siguen esclavizando a nuestros hermanos: el egoísmo, la injusticia social, la violencia, el engaño, la mentira, la explotación de los más débiles, la acumulación de la riqueza en manos de pocos a costa de la miseria y el hambre de muchos, la violación de los Derechos humanos fundamentales, el abuso del poder, el desprecio de la dignidad de las personas, la complicidad o indiferencia ante el sufrimiento del prójimo, el monopolio de la verdad…, es decir, todas aquellas situaciones de pecado personal o social que siguen provocando el clamor y el grito de inocentes.

Ante la magnitud de la tarea podemos también nosotros tener miedo, como lo tuvo Moisés, y tratar de escapar a la vocación para seguir tranquilos nuestra vida –al fin y al cabo, es más cómodo seguir «cuidando las ovejas de nuestro suegro…»–; tal vez ya hemos dicho al Señor: «¿Por qué no mandas a otro? Yo no sé hablar, no me van a creer que he sido enviado por ti». Y el Señor nos responde como a Moisés: «No tengas miedo porque yo estoy contigo y pondré las palabras apropiadas en tu boca; ¡yo te asisto y te acompaño!». No multipliquemos, pues, las excusas; la providencia y compañía de Dios dejan sin fundamento cualquier pretexto que intentemos poner.

El pueblo de Dios sigue siendo humillado, maltratado y oprimido por sistemas e ideologías contrarias al proyecto del Señor de la vida; las grandes mayorías empobrecidas y esclavizadas de nuestro pueblo continúan elevando su grito a Dios, y Él sigue escuchando y sufriendo, porque su voluntad es que todos sus hijos vivan en la prosperidad y la alegría, en la solidaridad y la justicia, en la paz y la armonía, con igualdad de oportunidades y condiciones dignas de vida. No podemos retrasar más nuestra respuesta. Dios cuenta con nuestra generosidad para llevar a cabo su plan de salvación. No tengamos miedo, nunca nos faltará la fuerza y la gracia de Aquel que nos envía a anunciar y hacer presente la Buena Nueva del Reino.

3

Gedeón:
un cobarde que venció
el miedo y defendió
a su pueblo

Quien piense que es el único miedoso que ha sido llamado por Dios, puede ir desengañándose y tranquilizándose. Gran parte de la historia de la salvación ha sido posible gracias a la colaboración de muchos miedosos que, no obstante sus temores, dijeron sí al Señor y permitieron que Él convirtiera su cobardía en fuerza y entusiasmo; llegaron a ser valientes y merecieron un lugar especial en la historia como aguerridos defensores de la causa de Dios y los derechos de su pueblo. La Biblia está llena de personajes de este tipo: desde Moisés y varios jueces y profetas del Antiguo

Testamento, hasta los apóstoles y los misioneros en la época de la Iglesia naciente.

Gedeón es un buen representante de este grupo. Su vida y su misión debemos ubicarla en tiempos del establecimiento del pueblo de Israel en tierra de Canaán, después de la conquista, antes de la instauración de la monarquía, entre los años 1200-1100 a.C. Mientras estaba escondido por miedo a los madianitas, recibe la llamada de Dios, que le encarga la tarea de liberar a su pueblo precisamente de la invasión madianita. A pesar de todo, acepta el desafío de la misión y se convierte en líder y juez de Israel, llevando a feliz éxito su tarea. El interesante relato de su vocación lo encontramos en el capítulo 6 del libro de los Jueces:

> El ángel del Señor vino y se sentó bajo la encina de Ofrá, propiedad de Joás, de Abiezer, mientras su hijo, Gedeón, estaba trillando trigo a látigo en el lagar, para esconderlo de los madianitas. El ángel del Señor se le apareció y le dijo: «El Señor está contigo, valiente». Gedeón respondió: «Perdón; si el Señor está con

nosotros, ¿por qué nos ha sucedido todo esto? ¿Dónde han quedado aquellos prodigios que nos contaban nuestros padres: "De Egipto nos sacó el Señor..."? La verdad es que ahora el Señor nos ha desamparado y nos ha entregado a los madianitas». El Señor se volvió a él y le dijo: «Vete, y con tus propias fuerzas salva a Israel de los madianitas. Yo te envío». Gedeón replicó: «Perdón, ¿cómo puedo yo liberar a Israel? Precisamente mi familia es la menor de Manasés, y yo soy el más pequeño en la casa de mi padre». El Señor contestó: «Yo estaré contigo, y derrotarás a los madianitas como a un solo hombre» (Jue 6,11-16).

A un pobre muchacho que se esconde por el miedo, el Señor, a través de su mensajero, se dirige llamándolo «¡valiente¡». Parecería un chiste de mal gusto o, al menos, una odiosa ironía. En realidad, con las palabras de su saludo, Dios infunde el coraje y la valentía que faltaban a Gedeón, para que pudiera asumir la tarea que quería confiarle: «El Señor está contigo», esta era la convicción que derrotaba cualquier temor e inquietud. Con la fuerza de esta certeza, Gedeón podría cumplir su misión, a pesar de ser «el más pequeño» de una familia aparentemente insignificante.

Muchos de nosotros, por no decir todos, hemos experimentado miedo, en mayor o menor medida, cuando hemos considerado la grandeza de la vocación y la misión que el Señor nos encomienda, a la cual no corresponden nuestras pobres capacidades y talentos. Posiblemente, más de una vez, hemos caído en la tentación de escondernos ante los peligros y las amenazas; es lo más normal y el Señor lo sabe. No debemos avergonzarnos por sentir miedo; lo importante es comprender que esa actitud no debe prevalecer ni impedirnos decir sí a la llamada que Dios nos dirige. No podemos dejarnos paralizar por el miedo, aunque sea humano sentirlo. La convicción de la cercanía y compañía del Señor debe darnos el coraje y el ánimo necesarios para afrontar el reto de la vocación. Solo así podremos decir, de verdad, que «¡la vocación es cosa de personas valientes!», sí, valientes pero también personas humanas y no *super-hombres* o *robots,* que nunca sienten ni miedo ni entusiasmo ni nada. Es humano sentir temor, pero más humano aún es dejar que Dios transforme esa cobardía en fuerza y fervor en favor de los hermanos.

Ciertamente, los motivos y fuentes de preocupación y de miedo podrían ser numerosos, no solo en el interior de nosotros mismos, sino también en el ambiente social que nos rodea: la «ley del más fuerte», el individualismo salvaje, la violencia criminal, el consumismo egoísta, la violación de los Derechos humanos fundamentales, los sistemas políticos y económicos injustos, la falsa cultura –inhumana y carente de valores– que nos proponen algunos medios de comunicación, la corrupción en los ámbitos del poder… Estos y tantos otros son los «*madianitas actuales*» que amenazan la vida y la dignidad del pueblo humilde y pobre al que pertenecemos; son estas las potencias que ahora pueden provocarnos el miedo y la tentación de escondernos o de escapar. Sin embargo, como a Gedeón en el pasado, el Señor nos sigue llamando hoy a nosotros para que luchemos contra esas potencias invasoras, para que colaboremos en la liberación de nuestros hermanos y mantengamos viva la llama de la esperanza. Podremos cumplir esta difícil misión, si cultivamos la certeza de que «Dios está con nosotros», para darnos la serenidad y fortaleza que necesitamos.

4

Samuel:
la historia cómica
de una vocación muy seria

Por medio de Moisés, Dios ya había liberado de la esclavitud de Egipto a su pueblo elegido y, habiéndolo acompañado a través del desierto, le estaba dando en posesión la «tierra prometida» que Él mismo había anunciado a Abrahán para sus descendientes. El pueblo estaba todavía en proceso de organización; el desafío no era fácil: debía establecerse como nación sedentaria, habiendo estado acostumbrado a vivir como pueblo nómada y errante. En estas circunstancias, Dios se apresura a buscar líderes que asuman este delicado compromiso.

El nacimiento de Samuel fue la extraordinaria respuesta de Dios a las oraciones de Ana, mujer piadosa pero estéril, que no cesaba de suplicar al Señor el regalo de un hijo; una vez obtenida la gracia, ella ofreció su hijo al Señor, en señal de gratitud, para que colaborara en el servicio del culto en el templo de Silo, donde se encontraba el arca de Dios. Es por eso que en el relato de su vocación encontramos al niño Samuel acompañando y ayudando al sacerdote Elí.

Es en este contexto en el que se ubica la historia de la vocación de Samuel; un recuento vocacional que se lee con gusto, porque es interesante y divertido, como podemos constatar si abrimos nuestra Biblia por el primer libro de Samuel, al inicio del tercer capítulo:

El niño Samuel estaba al servicio de Yahvé-Dios y vivía junto a Elí. En aquel tiempo raras veces se oía la palabra de Yahvé. Las visiones no eran frecuentes. Cierto día, Elí estaba acostado en su habitación, sus ojos iban debilitándose y ya no podía ver. Aún no estaba apagada la lámpara de Dios, y Samuel estaba acostado en el Templo de Yahvé, donde se encontraba el arca de Dios.

Yahvé llamó a Samuel. Él respondió: «Aquí estoy», y corrió donde Elí diciendo: «Aquí estoy, pues me has llamado». Pero Elí le contestó: «Yo no te he llamado; vuelve a acostarte». Él se fue y se acostó. Volvió a llamar Yahvé: «Samuel». Se levantó Samuel y se fue donde Elí diciendo: «Aquí estoy, pues me has llamado». Otra vez Elí contestó: «No te he llamado, hijo mío, anda a acostarte». Samuel no conocía aún a Yahvé, pues todavía la palabra de Yahvé no le había sido dirigida. Como Yahvé llamara a Samuel por tercera vez y el joven se presentara otra vez ante Elí, este comprendió que era Yahvé quien llamaba, y dijo a Samuel: «Anda a acostarte y si vuelve a llamarte dile: "Habla, Señor, que tu siervo te escucha". Entonces Samuel se volvió y se acostó en su sitio. Yahvé entró y se puso junto a él, y llamó como las otras veces: «Samuel, Samuel». Y él respondió: «Habla, Señor, que tu siervo escucha». Y Yahvé habló a Samuel… (1Sam 3,1-11).

La narración continúa con la misión que el Señor le confía a Samuel, que, como buen profeta, deberá comunicar la voluntad de Dios a sus hermanos israelitas. El autor enfatiza el hecho de que *el Señor estaba con Samuel*, confirmando lo que le pedía anunciar en su nombre (cf 1Sam 3,12-21).

Afortunadamente, el Dios que está en el origen de nuestra vocación no es un Dios severo y peleón, o indiferente, serio y frío, como si no tuviera sentimientos; es, más bien, el Dios alegre y eternamente joven, que en lugar de infundir miedo inspira amor y confianza, y que muchas veces aparece en la Biblia –como lo haría un buen padre o una buena madre de nuestros tiempos– jugando y haciendo bromas con sus hijos, manifestando un excelente sentido del humor. Este es el Dios que ha llamado a Samuel, en esta escena que nos recuerda el juego del escondite.

¡Cuántos de nosotros podríamos describir nuestra propia historia vocacional en términos similares a los del episodio de la llamada de Samuel! De pronto habíamos ido a una convivencia juvenil por simple curiosidad o para pasar el tiempo, y terminamos descubriendo allí la voz del Señor; o nos habíamos acercado a las actividades parroquiales solo para no aburrirnos en casa o para conseguir nuevas amistades, y de eso se sirvió Dios para indicarnos una particular vocación en la Iglesia; o, tal vez, quisimos ayudar en la catequesis solamente por estar cerca o llamar la atención de alguna chica bonita que era catequista, y al final, nos encontramos comprometidos «hasta el cuello» en el servicio del reino de Dios; o bien, ni siquiera nos interesaba nada que tuviera que ver con la religión, y el buen humor del Señor terminó «tramándonos una buena trampa», en la cual caímos y no pudimos resistirnos más a la fascinación de su llamada.

Dios sigue jugando al escondite con nosotros, para enseñarnos que el hecho de ser llamados a su servicio no debe acabar con nuestra alegría, sino, al contrario, motivarla y darle su auténtico sentido. Ella (la alegría) es el primer anuncio profético que debemos comunicar, es el presupuesto necesario de toda misión, porque es el mejor testimonio de Aquel que es fuente y culmen de la verdadera felicidad. La invitación del Señor a colaborar en su proyecto de salvación se sigue manifestando de muchas maneras, en muchas circunstancias no siempre serias o dramáticas, a través de situaciones inesperadas y algunas veces también divertidas.

Pero, ¡atención! Esto no significa que toda la vida sea un juego, o que la misión que el Señor nos confía carezca de importancia. Al contrario, es tan seria e importante dicha misión, que requiere todo nuestro entusiasmo y optimismo. Ante la dificultad y grandeza de la tarea que se nos pide realizar, no podemos perder la esperanza, no podemos admitir la tristeza; solo un corazón rebosante de alegría tiene el coraje necesario para decirle al Señor, como Samuel: «Aquí estoy. Habla, Señor, porque me has llamado».

5

David:

la vocación de un pequeño-gran rey

¿Quién ha dicho que las mayores responsabilidades solo se les pueden confiar a los grandes? ¿Quién ha dicho que solo los adultos, los maduros, los de «barba en pecho», los «creciditos» son aptos para asumir tareas delicadas? Para consuelo de muchos de nosotros, el caso de la vocación de David nos enseña que Dios apuesta por los pequeños. El Señor confía grandes misiones a quienes el mundo generalmente margina o no toma en cuenta, a quienes parecieran insignificantes a los ojos de una sociedad que se fija más bien en el poder, la fama, la riqueza o la importancia material de las personas. En el reino de Dios no cuenta la talla, ni la edad, ni la estatura; lo que cuenta es la capacidad del corazón para acoger y responder a la llamada de Dios.

La situación que atravesaba el pueblo de Israel, en la época en que Dios elige a David como rey, era una situación ciertamente difícil y delicada. Por su deseo de ser igual a las demás naciones del entorno, Israel había pedido al Señor que le nombrara un rey, olvidando que su único y verdadero soberano debía ser solo Dios; pero como la paciencia y la bondad de Dios son inagotables, accede y consiente en nombrar un rey para su pueblo, en la persona de Saúl; este rey no permanece fiel a los designios del Señor, desobedece sus órdenes y pone a todo el pueblo en situación de riesgo. Son estas las circunstancias en las cuales el Señor debe buscar un reemplazo para Saúl.

¿Por qué Dios se fijó en David para encargarle semejante tarea? ¿Hubiéramos hecho nosotros la misma elección? ¿Qué criterios de selección sigue Dios cuando escoge a sus colaboradores? Tratemos juntos de encontrar las respuestas remitiéndonos directamente al texto bíblico que nos presenta el episodio. Lo encontramos en el primer libro de Samuel, capítulo 16, versículos del 1 al 13. De este pasaje queremos resaltar las expresiones más significativas en clave vocacional:

Dios dijo a Samuel: «Yo soy el que ha rechazado a Saúl y he decidido que no reinará más sobre Israel… *Llena tu cuerno de aceite,* pues quiero que vayas a casa de Jesé, del pueblo de Belén, *porque he elegido a uno de sus hijos para ser mi rey».* […] Cumplió Samuel lo que Dios le había mandado. Cuando llegó a Belén, los jefes de la ciudad salieron temblando a su encuentro y le preguntaron: «¿Vienes en son de paz?». Samuel respondió: «Sí, he venido a sacrificar a Dios. Purificaos y venid conmigo al sacrificio». Samuel purificó a Jesé y a sus hijos y los invitó al sacrificio.

Cuando ellos se presentaron, *Samuel vio a Eliab, el mayor de edad, y se dijo:* «*Sin duda este será el elegido».* Pero Dios dijo a Samuel: «*No mires su apariencia ni su gran estatura, porque lo he descartado. Pues el hombre mira las apariencias, pero Dios mira el corazón».*

Llamó Jesé a su hijo Abinadab y lo hizo pasar ante Samuel, quien dijo: «Tampoco a este ha elegido Dios». Jesé hizo pasar a Samá, pero Samuel dijo: «Tampoco es este el que ha elegido Dios». Jesé hizo pasar a sus siete hijos ante Samuel, pero este dijo: «A ninguno de estos ha elegido Dios». Preguntó, pues, Samuel a Jesé: «¿Están aquí todos tus hijos?». Él contestó: *«Falta el más pequeño, que está cuidando ovejas».* Samuel le dijo: «Anda a buscarlo, pues no nos sentaremos a comer hasta que él haya venido». *Mandó Jesé a buscar a su hijo menor.* Era rubio, tenía lindos ojos y buena presencia. *Y Dios dijo: «Levántate y conságralo con aceite, porque es este».* Tomó Samuel el cuerno de aceite y *lo ungió en medio de sus hermanos. Y el Espíritu de Dios permaneció sobre David desde aquel día* (1Sam 16,1-13).

Cuántos de nosotros seguimos preguntándonos: ¿Por qué el Señor quiso escogerme a mí y no a mis hermanos mayores?, ¿por qué a mí y no a mis compañeros más sobresalientes e incluso más buenos del colegio?, ¿por qué a mí y no a mis amigos más mayores o más inteligentes de mi barrio?, ¿por qué quiso invitarme a ser su discípulo, precisamente a mí que soy el menor, el más pequeño e insignificante?... La respuesta ya nos la ha dado la Palabra de Dios: *el hombre mira las apariencias, pero Dios mira el corazón.*

Más fácil para mí sería seguir cuidando las ovejas de mi padre, dejando que el Señor escoja para su seguimiento a mis hermanos mayores. Y, sin embargo, Dios se fijó en mí y en mi pequeñez, justamente porque esa conciencia de mi pequeñez puede mantener mi corazón más abierto a la voz de Dios y a las necesidades de mi prójimo, y como no tengo grandes seguridades en las cuales confiar, me sentiré más disponible a abandonarme en las manos amorosas del Señor, con la certeza de que tampoco a mí me faltará la gracia y la fuerza de su Espíritu Santo. Esta convicción fue la que le permitió a David realizar con entusiasmo y fidelidad la misión que Dios le había confiado, hasta llegar a convertirse en modelo de todo rey sobre la tierra y en prototipo del Mesías que debía venir: Jesucristo.

Como Israel en tiempos de David, también hoy nuestras naciones atraviesan graves crisis, sufren las consecuencias del egoísmo y la prepotencia de los poderosos, y la violencia homicida de los asesinos. Hoy también nuestro pueblo padece a causa de la injusticia, el odio y la miseria. Y somos nosotros los nuevos enviados a reconstruir los valores más profundos de nuestros pueblos para que puedan caminar por el sendero del bien y de la paz. Sigamos el ejemplo del joven David que, en lugar de confiar en sus exiguas fuerzas, supo poner su total confianza en el poder y la misericordia del Señor que lo enviaba; seamos generosos como él y dejémonos consagrar para el servicio del reino de Dios: ¡seguramente no quedaremos defraudados!

6

Amós:
de humilde pastor del rebaño a valiente profeta contra la injusticia

Quien crea que la injusticia social es un problema solo de nuestros días se equivoca, es tan antigua como el hombre mismo. Pero, claro, esto no significa que debamos acostumbrarnos a ella y considerarla como algo normal e inevitable. Al contrario, esto nos debe estimular aún más a luchar con mayor entusiasmo contra ella, de modo que, sacudiendo toda indiferencia, trabajemos eficazmente por construir ambientes de igualdad, de justicia, de fraternidad y solidaridad.

En tiempos de Amós (año 760 a.C., aproximadamente), el pueblo de Israel gozaba de aparente riqueza y prosperidad, sin embargo, el bienestar y la comodidad eran privilegio de unos pocos que habían ido acaparando y apropiándose de los bienes que son de todos. La sociedad estaba gravemente enferma de injusticia: el lujo, el despilfarro y la opulencia de los pocos ricos era un terrible insulto contra la miseria de los pobres, que eran la mayoría –¡cualquier parecido con la realidad actual es pura coincidencia!–, porque –como diría Mafalda en una de sus sabias caricaturas– «nadie puede amasar una fortuna sin hacer harina a los demás».

Mientras el pueblo sufría esta situación, había en Tecoá –pueblecito cercano a Belén, en Judá– un sencillo pastor que solo quería saber lo que tuviera que ver con su rebaño. Pero fue precisamente a él a quien Dios llamó y eligió, para que denunciara tanta injusticia y «desorden establecido», que se oponía a su proyecto de vida y felicidad para sus hijos. Sin haber hecho méritos, y sin pertenecer a la «clase profética», el Señor quiso confiarle semejante responsabilidad.

Pero dejemos que él mismo se presente y nos cuente brevemente su historia:

> Palabras de Amós, uno de los pastores de Tecoá. Estas son las revelaciones que tuvo acerca de Israel, en tiempo de Ozías, rey de Judá; y en tiempos de Jeroboam, hijo de Joás, rey de Israel, dos años antes del terremoto. Dijo: «Rugirá Dios desde Sion, desde Jerusalén hará oír su voz…» (Am 1,1-2).

Y, efectivamente, rugió fuerte el Señor y Amós tuvo que transmitir con fidelidad esa voz potente de Dios contra la injusticia que hacía sufrir a los humildes; se hizo sentir su implacable denuncia contra aquellos que convierten en esclavos a sus hermanos (cf Am 1,6), contra aquellos que asesinan con tal de acaparar más y más riquezas (cf Am 1,13), contra aquellos que, despreciando la ley de Dios, ponen su corazón en los ídolos (cf Am 2,4), contra aquellos que venden al inocente por dinero y *al pobre por un par de sandalias* (Am 4,6), contra aquellos que pervierten el sentido de las leyes y tiran por el suelo la justicia (cf Am 5,10), contra todos los que pisotean al pobre y oprimen a las personas honestas (cf Am 5,11-12), contra los personajes importantes que viven en la abundancia a costa de la miseria de muchos (cf Am 6,1-8).

Y la denuncia de Amós, profeta a pesar suyo, chocó incluso contra la autoridad religiosa de su tiempo, que gozaba de los mismos privilegios de los poderosos. El sacerdote principal de Betel, llamado Amasías, en lugar de servir a Dios, era un funcionario más del rey, a quien le incomodaba sobremanera la predicación de Amós. Montó una persecución contra el profeta, para desterrarlo del país. En ese contexto Amós deja claro que su vocación profética no se la inventó él, ni menos aún la ambicionó, sino que fue iniciativa de Dios:

Luego Amasías fue a decirle a Amós: «Sal de aquí, visionario; vete a Judá, gánate allí la vida dándotelas de profeta. Pero no profetices más aquí en Betel, que es un santuario real, un templo nacional». Amós le replicó: «Yo no soy profeta ni pariente de profeta; soy simplemente un hombre que tiene su pequeño rebaño y unas cuantas higueras. Dios fue quien me tomó cuando yo iba arreando mi rebaño, y me encargó que hablara a Israel en su nombre...» (Am 7,12-15).

Considero que la historia vocacional de cada uno de nosotros tiene más en común con la historia de Amós de lo que pudiéramos imaginarnos. Empezando por el contexto social en el que estamos llamados a desempeñar nuestra misión, marcado también por la injusticia institucionalizada, que trae consigo situaciones de pobreza, violencia, inseguridad, desigualdad en las oportunidades de sobrevivencia y superación, irrespeto de la dignidad y los Derechos humanos y aquello que los obispos latinoamericanos han denunciado tantas veces como «la creciente brecha entre ricos –cada vez más ricos– y pobres –cada vez más pobres–».

Además, las circunstancias mismas en las cuales irrumpió el Señor en nuestra vida, pudieron ser semejantes a las de Amós: estábamos tranquilos, «resignados», en el desempeño de nuestras labores sencillas del campo, o del colegio, o del trabajo, cuando de repente llega Dios a «incomodarnos», a despertar nuestra conciencia y nuestra sensibilidad ante la penosa situación que padece nuestro pueblo. Y nos envía, como profetas, a denunciar cosas que molestan y a proclamar mensajes que parecen pasados de moda, o que más bien causan risa o disgusto. Y sentimos, entonces, que no podemos seguir indiferentes, que no podemos continuar siendo cómplices silenciosos del maltrato y humillación que sufren tantos inocentes, pobres y marginados; y que tenemos que prestar nuestra voz para que se eleve potente el «*rugido*» del Señor contra toda forma de injusticia y opresión… ¡Aceptémoslo: nuestro mundo actual sigue necesitando profetas valientes que anuncien el bien, denuncien el mal y se comprometan en la construcción del reino de Dios!

7

Isaías:
predicador de la justicia y de la santidad de Dios

En tiempos del profeta Isaías (siglo VIII a.C.), el pueblo judío era una pequeña nación que luchaba por sobrevivir en medio de las pretensiones de dominio de los dos imperios más grandes de la época: Asiria y Egipto; el país que no aceptara ser vasallo y pagar tributo a la potencia reinante era destinado a desaparecer. En este ambiente era muy grande la tentación de abandonar al Señor y poner toda la confianza en la fuerza de las armas, o en la eficacia de los tratados y coaliciones internacionales contra el imperio de turno en el poder.

Dios llamó a algunos profetas, entre ellos a Isaías, para recordar a los gobernantes y a todo el pueblo de Judá que la confianza absoluta solo se debe depositar en el Señor, pues es Él, y no tal o cual imperio, quien asume la defensa de sus elegidos para liberarlos de la opresión. El profeta debe denunciar la actitud del pueblo que llegaba a creer que el salvador fuese Egipto, por ejemplo, en lugar de Dios; la misión no era fácil, se trataba de restablecer las condiciones para que el pueblo fuera fiel a la única alianza capaz de salvar: la alianza con el Señor.

Las circunstancias que rodearon el acontecimiento de la llamada de Isaías por parte de Dios fueron muy especiales, y las imágenes que él mismo usa para describir esa experiencia son elocuentes. Pero dejemos que él mismo nos relate su vocación; tomemos la Biblia por el libro de Isaías, en los primeros versículos del capítulo 6 y leamos cómo vivió el profeta su encuentro con Dios:

Con el año en que murió el rey Ozías, vi al Señor sentado en un trono elevado y magnífico, y el ruedo de su manto llenaba el Templo. Por encima de Él había serafines de pie. Cada uno de ellos tenía seis alas: con dos se cubrían el rostro, con dos los pies y con las otras volaban. Y gritaban, respondiéndose el uno al otro: «Santo, Santo, Santo es Yahvé de los ejércitos, su gloria llena toda la tierra». Los postes de piedra de la entrada temblaban a la voz del que gritaba, y la Casa se llenaba de humo. Yo exclamé: «¡Ay de mí, estoy perdido, porque soy un hombre de labios impuros, y que vivo entre un pueblo de labios impuros, y mis ojos han visto al rey, Yahvé de los ejércitos!». Entonces voló hacia mí uno de los serafines. Tenía un carbón encendido que había tomado del altar con unas tenazas. Tocó con él mi boca y dijo: «Mira, esto ha tocado tus labios, tu falta ha sido perdonada, y tu pecado, borrado». Y oí la voz del Señor que decía: «¿A quién enviaré, y quién irá por nosotros?». Y respondí: «Aquí me tienes, mándame a mí». Él me dijo: «Ve y dile a este pueblo: "Poned mucha atención, pero no entenderéis, mirad bien, pero no distinguiréis". Trata de que se ponga pesado el corazón de este pueblo, que se vuelvan sordos sus oídos y que se les peguen sus ojos; no sea que vean sus ojos, oigan sus oídos, comprenda su corazón, y pueda convertirse y recuperar la salud» (Is 6,1-10).

El encuentro con Dios, el totalmente santo y absolutamente bueno, nos lleva a tomar mayor conciencia de nuestra condición humana limitada y pecadora. Y, como Isaías, nos sentimos también solidarios con todo nuestro pueblo en esa situación de imperfección que necesita ser transformada y purificada por la acción del Señor. Solo con la fuerza que da la experiencia de esta renovación interior podremos ser generosos en la entrega de la vida al Señor y podremos decirle, cada uno de nosotros: «Aquí me tienes, mándame a mí». Y Él, de inmediato, nos dirá: «Ve y dile a este pueblo…».

¿Qué debemos decirle a nuestro pueblo? Prácticamente lo mismo que decía Isaías a sus contemporáneos: que se debe confiar en Dios y no en las potencias de este mundo, primero en el Señor y luego en los convenios y tratados internacionales; que hay que buscar la paz y no la guerra, la justicia y prosperidad de todos en lugar de las conveniencias e intereses egoístas de unos pocos; que los pobres, los campesinos y la gente humilde no tiene por qué sufrir las consecuencias injustas de las malas administraciones públicas; que los imperios reinantes no son ídolos de los cuales podamos esperar la salvación; que las intrigas políticas y las insensatas estrategias militares generalmente conducen a la ruina de todo un pueblo; que los países pobres y pequeños tienen derecho a vivir dignamente y en paz; que las naciones «en vía de desarrollo» no deben ser pisoteadas ni reducidas al vasallaje por parte de las pretensiones imperialistas de las grandes potencias económicas; que el Señor está de parte de los oprimidos y conduce la historia incluso por caminos difíciles de comprender.

No nos extrañemos si el mensaje de Dios que transmitimos no es escuchado ni atendido, al fin y al cabo, en la historia de la salvación son muy pocos los profetas que han sido escuchados, la mayoría de ellos terminaron despreciados, desterrados, encarcelados o desaparecidos. Pero no por ello perderemos el entusiasmo. Al final, la última palabra la tiene el Señor. Y tampoco perderemos el sentido de la solidaridad, pues tanto en el pecado como en la purificación compartimos la suerte de nuestros hermanos, sus esperanzas son nuestras esperanzas, sus alegrías o tristezas son las nuestras.

8

Jeremías:
desde el seno materno, profeta a pesar suyo

En nuestra peregrinación vocacional por los caminos de la Sagrada Escritura, nos encontramos ahora con la figura de uno de los más grandes profetas bíblicos, que es, además, el modelo por excelencia de la vocación profética del Antiguo Testamento: Jeremías.

Muchos de nosotros, si no todos, que hemos escuchado la llamada divina para el servicio del reino, debemos reconocer que la semilla de nuestra vocación estaba presente desde mucho antes que llegáramos a tomar conciencia de ella. Aunque hayamos descubierto la inquietud vocacional en algún momento particular de nuestra infancia, adolescencia o juventud, en realidad, como Jeremías, Dios nos estaba dirigiendo su invitación ya desde el seno de nuestra madre.

Dejémosle la palabra al mismo Jeremías para que nos narre los detalles de su vocación:

Entonces el Señor me dirigió su palabra: «Antes de formarte en el seno de tu madre, ya te conocía; antes de que tú nacieras, yo te consagré, y te destiné a ser profeta de las naciones». Yo repuse: «¡Ay, Señor mío!, ¡mira que no sé hablar, pues soy un muchacho!».

Y me contestó el Señor: «No digas que eres un muchacho, pues dondequiera que yo te envíe tú irás, y todo lo que yo te mande, proclamarás. No les tengas miedo, porque yo estaré contigo para salvarte», oráculo del Señor. Entonces el Señor extendió su mano y tocó mi boca, diciendo: «En este momento pongo mis palabras en tu boca. En este día te encargo los pueblos y las naciones: arrancarás y derribarás, arrasarás y destruirás, edificarás y plantarás...».

Añadió el Señor: «Ahora, tú cíñete de valor y ve a decirles todo lo que yo te mande. No tengas miedo de enfrentarlos, y yo no te haré desmayar delante de ellos. En este día hago de ti una fortaleza, una columna de hierro y una muralla de bronce frente a la nación entera: frente a los reyes de Judá y a sus ministros, frente a los sacerdotes y el pueblo. Ellos te declararán la guerra, pero no podrán vencerte, pues yo estoy contigo para liberarte», oráculo del Señor (Jer 1,4-19).

Este relato de la vocación de Jeremías es tan claro y tan rico que ni siquiera necesitaría comentario, si lo hacemos es solo para ayudar a evidenciar su actualidad y su facilidad de aplicación a nuestra propia historia vocacional.

Entre las muchas consideraciones que podríamos hacer a partir de la vocación y misión de Jeremías, una de las más interesantes es descubrir la dinámica de la llamada en sus diversos momentos y aspectos:

- *Iniciativa divina*: es el primer paso y el más importante, pues da sentido a todo el proceso. En efecto, es Dios quien toma la iniciativa primera y fundamental; Él es quien nos llamó y consagró, incluso antes de nuestro nacimiento, cuando nos estaba creando y formando en el vientre materno.

- *Respuesta humana*: que inicialmente puede ser en forma de *objeción* e intento de fuga ante la magnitud de la vocación-misión que nos espera. El *miedo* y la constatación de nuestros límites nos hace sentirnos inadecuados y entonces aducimos pretextos para evadir la responsabilidad de la tarea.

- *Intervención del Señor*: para infundir ánimo y valentía, para dejar sin fundamento nuestros pretextos y para garantizarnos su consoladora compañía y su acción liberadora en nuestro favor. Si no fuera por esta promesa, manifestada en un *signo concreto* –«tocar nuestra boca y poner sus palabras en ella»–, el miedo paralizaría nuestra voluntad y seríamos radicalmente incapaces de afrontar la misión.

- *Encargo de la misión*: se trata de comunicar la Palabra misma del Señor, proclamar un mensaje que implica desventura, corrección, denuncia, pero que es al mismo tiempo anuncio de restauración, de vida nueva y de esperanza. La misión profética significa *denuncia y anuncio*, pero comporta también *compromiso* práctico en actitudes y comportamientos adecuados.

- *Obediencia humana*: conscientes de haber sido conocidos, consagrados y destinados por Dios desde antes de nacer, nos entregamos ahora con valentía a la realización de la tarea recibida; sabemos que no será fácil, que incluso nos puede acarrear persecución y sacrificio, pero nos anima la alegre certeza de contar siempre con la amistosa cercanía del Señor que nos salvará.

En todo el mundo, hay muchas cosas que debemos ayudar a demoler: estructuras de injusticia institucionalizada, sistemas políticos y económicos que excluyen a los pobres e indefensos, ideologías y prácticas que conducen a la explotación de las personas y a la destrucción del medio ambiente, abusos de poder, concentración de la riqueza de todos en las manos de poquísimos, regímenes que pisotean y desconocen los Derechos humanos, instancias corruptas de gobierno, espirales de violencia y terrorismo… Incluso, a nivel de nuestros ambientes eclesiales existen realidades que deben desaparecer: actitudes de autoritarismo, pretensiones de monopolio de la verdad, excesos de ritualismo y espiritualismo que anestesian las conciencias, divorcio entre la fe que se profesa y el compromiso concreto de la vida, indiferencia ante las realidades sociales, carencia de una sólida formación religiosa, comercio con las realidades sagradas, improvisación de planes y acciones pastorales…

«Arrancar y derribar, arrasar y destruir» como el Profeta, pero también: «Edificar y plantar» para que renazca la vida y la esperanza; porque la última palabra no la tiene la muerte. A partir de los valores de nuestra gente y con los medios que Dios pone a nuestra disposición, estamos llamados también a recrear y restaurar nuestro mundo, transformar nuestra realidad para que sea escenario de la vida, espacio de justicia, de paz y de fraternidad. Nuestro empeño consiste en hacer crecer la solidaridad, anunciando el proyecto divino sobre la humanidad.

Jeremías en el siglo VII antes de Cristo, nosotros en el siglo XXI de nuestra era, hemos sido convocados a la misma misión. Dios que nos llamó y el mundo que nos necesita están esperando nuestra respuesta obediente y generosa.

9

Ezequiel:
una voz de esperanza
en tiempo de crisis

Todos nosotros, tanto a nivel personal como en el ámbito de nuestras familias y de nuestra sociedad, con cierta frecuencia atravesamos temporadas de dificultad, de prueba de diverso tipo: puede ser una enfermedad, o la pérdida de un ser querido, o una crisis económica, o fracasos académicos, o incluso dudas e inquietudes acerca del sentido mismo de nuestra existencia. Algunas veces esas circunstancias difíciles son la consecuencia de nuestros propios errores, otras veces puede tratarse de épocas de confusión en el mundo de nuestros sentimientos y afectos, o bien, problemas en el trato con los demás o de aceptación de nosotros mismos. Son las famosas crisis, que tanto nos asustan y hacen sufrir, durante las cuales creemos que todo está perdido, no logramos recuperar los motivos de nuestra alegría y hasta llegamos a sentir que también Dios se ha olvidado de nosotros.

Cuando el Señor llamó al profeta Ezequiel, el pueblo elegido sufría una de las épocas más difíciles de su historia: por haberse alejado del Señor, por no haber sido fiel al pacto de amor con Él, estaba siendo invadido por una potencia extranjera –el Imperio Mesopotámico–, desterrado y deportado a Babilonia. En efecto, durante los años sucesivos al 598 a.C., Israel fue violentamente conquistado y oprimido, y corría el riesgo de desaparecer como pueblo, pues había perdido todas las garantías materiales y las instituciones que lo unían y sostenían. Expatriados, sin rey ni líderes, en la mayor pobreza y humillación, creían que incluso Dios los había abandonado, pues el Templo, que representaba la presencia misma del Señor, había sido también destruido… ¡Aparentemente no había ningún motivo de esperanza! En este difícil momento fue decisiva la tarea que Dios confió a Ezequiel. ¿Cómo recibió él este encargo? Dejemos que lo narre el mismo profeta:

La voz me dijo: «Hijo de hombre, levántate, que voy a hablarte». Al decirme esto, la fuerza divina me penetró, me hizo tenerme en pie, y pude escuchar al que me hablaba. Me dijo: «Hijo de hombre, te envío a los hijos de Israel, a un pueblo rebelde que se ha rebelado contra mí. [...] Puede ser que no te escuchen, pues son una raza de rebeldes, pero, en todo caso, sabrán que en medio de ellos se encuentra un profeta. Tú, hijo de hombre, no les temas, ni tengas miedo de sus palabras. No temas aunque te encuentres entre cardos y zarzas y vivas en medio de escorpiones. Les comunicarás mis palabras; escuchen o no, porque son una raza de rebeldes...». Miré y vi una mano tendida hacia mí con un rollo escrito. Lo desenrolló a mi vista. Estaba escrito por dentro y por fuera, y contenía lamentaciones, gemidos y ayes.

Y me dijo: «Hijo de hombre, come lo que te presentaron, come este rollo y anda a hablar a la gente de Israel». Abrí la boca y me hizo comer aquel rollo, diciéndome: «Aliméntate y sáciate con este rollo que te doy». Lo comí, pues, y en la boca lo sentí dulce como la miel. Me dijo después: «Dirígete a la gente de Israel y comunícales mis palabras…» (Ez 2,1–3,4).

En este texto, el profeta describe simbólicamente la llamada que recibió del Señor, con la consiguiente misión de ser comunicador de la palabra y de la voluntad de Dios a su pueblo. Con sus palabras, el profeta debe invitar a sus hermanos a reconocer que los tiempos difíciles que atraviesan son la consecuencia de su pecado de rebeldía contra el Dios de la Alianza, pero, al mismo tiempo, anima a su pueblo con un mensaje de esperanza, preanunciando que el Señor volverá a reunir y dar seguridad a su pueblo, que los purificará y les dará un corazón nuevo, que les permitirá encontrar de nuevo el camino de la paz, del bienestar y la prosperidad (cf Ez 36,24-30); es decir, Ezequiel promete a los israelitas, en nombre de Dios, que verán de nuevo la luz de la alegría y la serenidad, después del túnel oscuro de la prueba que los agobiaba. Pero en el cumplimiento de esta tarea, el profeta Ezequiel no es solo un espectador ajeno a los acontecimientos, él mismo sufre el destierro con su pueblo, se solidariza y participa de su destino, tanto en el sufrimiento de la crisis como en el gozo de la esperanza.

Nosotros, como Ezequiel, sabemos que hemos recibido de parte de Dios el encargo especial de ser transmisores de su palabra. Pero, al mismo tiempo, compartimos el sufrimiento de nuestro pueblo y no podemos permanecer ajenos e indiferentes ante tantos males sociales, que son la consecuencia del egoísmo humano, de la ambición y del odio. Nos toca ayudar a hacer tomar conciencia del pecado que causa dolor y tristeza, sin olvidarnos de acompañar esta invitación a la conversión con el feliz anuncio de la esperanza. En nuestro propio corazón y en el corazón de nuestras familias y de nuestra sociedad debemos cultivar la certeza de que Dios no nos ha abandonado, que Él nos sostiene en las crisis y renueva cada día nuestro optimismo para proseguir el camino.

La Palabra de Dios, dulce como la miel, puede infundirnos nuevos ánimos, cuando todo parece ser amargura, soledad y tristeza, cuando la tentación de claudicar se hace más intensa. El Evangelio, que es la alegre noticia del Dios-con-nosotros, puede nutrirnos y renovar nuestras energías para no desfallecer en los momentos de prueba. Hagamos de la lectura y la meditación de la Palabra de Dios el alimento cotidiano que permita encontrar el auténtico sentido de la existencia y nos comprometa a colaborar eficazmente en la construcción de un mundo más justo y más alegre. Si aceptamos el desafío de convertirnos en «rumiadores» de la Palabra del Señor, seguramente encontraremos en ella una lectura más apasionante que las novelas de aventuras, más interesante y placentera que las tiras cómicas y mucho más instructiva que las mejores enciclopedias. No tengamos miedo de «engullir» esta Palabra que nos compromete con Dios y con nuestro pueblo, al mismo tiempo que nos colma de paz y de entusiasmo.

10

María:
la Virgen más fecunda

Con la vocación de María se abre la puerta al maravilloso mundo del Nuevo Testamento, que trae consigo la plenitud de los tiempos. El relato de la llamada por parte de Dios a María de Nazaret seguramente lo conocemos o lo hemos escuchado muchas veces, aunque sea bajo otro título, el de «la Anunciación». Hasta tenemos una fiesta litúrgica que nos lo recuerda y conmemora, el día 25 de marzo, precisamente nueve meses antes de la fecha en que el mundo católico celebra la Navidad, el nacimiento del Hijo de Dios.

San Lucas es el evangelista que nos ofrece los detalles de aquel episodio vocacional:

Al sexto mes envió Dios al ángel Gabriel a una ciudad de Galilea, llamada Nazaret, a una virgen desposada con un hombre llamado José, de la casa de David; el nombre de la virgen era María. Y, entrando, le dijo: «Alégrate, llena de gracia, el Señor está contigo». Ella se confundió ante semejantes palabras y se preguntaba qué significaría aquel saludo. El ángel le dijo: «No temas, María, porque has hallado gracia delante de Dios; vas a concebir en el seno y vas a dar a luz un hijo, a quien pondrás por nombre Jesús. Él será grande, se le llamará hijo del Altísimo y el Señor Dios le dará el trono de David, su padre; reinará sobre la casa de Jacob por los siglos y su reino no tendrá fin». María respondió al ángel: «¿Cómo será esto, puesto que no conozco varón?». El ángel le respondió: «El Espíritu Santo vendrá sobre ti y el poder del Altísimo te cubrirá con su sombra; por eso el que ha de nacer será santo y se le llamará Hijo de Dios. Mira, también Isabel, tu pariente, ha concebido un hijo en su vejez y este es ya el sexto mes de la que se decía que era estéril, porque no hay nada imposible para

Dios». Dijo María: «He aquí la esclava del Señor; hágase en mí según tu palabra». Y el ángel, dejándola, se fue (Lc 1,26-38).

Si recordamos bien el relato de la vocación de Jeremías, que es prototipo de toda vocación en la Biblia, nos daremos cuenta de las grandes semejanzas existentes entre aquel episodio y el de la Anunciación que recibe María.

El primer aspecto fundamental es el que se refiere a la iniciativa divina; es decir, que no es la persona la que se inventa el cuento de la vocación. Es Dios quien llama; es Él quien toma la iniciativa y da el primer paso. También aquí, en el caso de María, Lucas lo hace notar desde el momento en que se inicia la narración: fue Dios quien envío a su emisario para comunicar su voluntad a María.

Como es normal, dada la magnitud de la responsabilidad que implica la vocación, muchas veces la persona no responde de inmediato manifestando su disponibilidad, sino que se toma su tiempo; incluso expresa claramente sus dudas y reparos, y en María eran más que razonables sus temores y objeciones: por una parte, saber que quedaría embarazada sin haber tenido relaciones con ningún hombre, era algo que tenía que sorprenderla y asustarla; mucho más si tenemos en cuenta que, según las leyes de su pueblo, la mujer que resultara encinta antes de consumar el matrimonio con su legítimo esposo, podía ser lapidada, o sea, apedreada hasta la muerte. La situación no era para nada agradable.

¿Qué pasaría con su matrimonio, que estaba a punto de oficializar con su prometido esposo José?, ¿qué pensaría él?, ¿cómo reaccionaría?, ¿la denunciaría?

Los interrogantes eran muchos y más que comprensibles. Por eso ella también cuestiona y pide aclaraciones. No dijo de inmediato su sí, antes quiso comprender y recibir explicaciones, como lo habían hecho los grandes profetas del Antiguo Testamento, porque lo que estaba en juego no era poca cosa, era su futuro, pero sobre todo su vida misma.

Dios acepta la solicitud, y a través del emisario le hace saber a María que no hay motivo de temor, porque todo esto acontecerá por obra del Espíritu Santo. Es verdad que a los ojos de los hombres la propuesta del Señor parece absurda y hasta imposible, pero es que «para Dios no hay nada imposible». Esta es la respuesta que tranquiliza y da garantía al llamado, como cuando Yahvé les aseguraba a los profetas su presencia, prometiéndoles: «Yo estaré contigo, no temas».

Después de que María recibe las aclaraciones necesarias y recuerda que el Señor está con ella, no le queda otra cosa que hacer, sino aceptar o rechazar. María acepta y responde con generosidad y disponibilidad a los planes de Dios. Su respuesta es expresión de fe en el Dios que la llamaba, y de solidaridad con su pueblo, que estaba aguardando desde hacía siglos la venida del Mesías salvador.

También nosotros, como María, debemos tomar una decisión ante la propuesta que nos hace el Señor de cooperar en la realización de su obra en el mundo. Dios respeta nuestra libertad. Podemos decirle que no, o podemos, en cambio, decirle que sí, como ella, como humildes esclavos del Señor dispuestos a que su Palabra se cumpla en nosotros. Si decimos que no, probablemente estemos más tranquilos y libres de incomodidades, pero quedará en nosotros el sabor de la frustración y la derrota; y si decimos que sí, puede ser que tengamos que afrontar momentos de prueba y dificultad pero, a la larga, nos llenará de sentido la existencia el sentirnos útiles en los proyectos de Dios, y en esa colaboración encontraremos nuestra felicidad verdadera y la realización de nuestras mejores aspiraciones y nuestros anhelos. A nosotros nos queda la decisión. Ojalá nos dejemos inspirar por el ejemplo de aquella que dijo sí, aun después de haber titubeado y pedido explicaciones.

11

San José:
la elocuencia del silencio

Entre las primeras historias vocacionales que aparecen en el Nuevo Testamento, está la de san José, que es también una de las más modestas y sencillas, pero al mismo tiempo de las más interesantes y ricas de significado. José era un judío pobre, que se ganaba la vida como honesto carpintero, durante los tiempos nada fáciles del dominio de los romanos sobre la comunidad de los judíos. En la llamada que Dios le hace no hay cosas extraordinarias ni sorprendentes: por parte de José no había méritos sobrehumanos que le hicieran merecedor de semejante misión que Dios le quería confiar. Aparte de ser un hombre humilde, justo y trabajador, su único título de gloria era el de pertenecer a la descendencia del rey David; pero, en la práctica, esto no significaba ningún privilegio ni le confería derechos particulares.

Tampoco de parte de Dios hubo manifestaciones portentosas en la vocación de José: en un modesto sueño el Señor le hace saber las condiciones de la llamada y de la tarea que lo harían partícipe del capítulo más importante de la historia de la salvación, con la encarnación y el nacimiento del Hijo de Dios, el Mesías. Pero dejemos que san Mateo nos narre cómo fue la vocación de san José:

El origen de Jesucristo fue de esta manera: su madre, María, estaba desposada con José y, antes de vivir ellos juntos, se encontró que estaba embarazada por obra del Espíritu Santo. Su marido, José, que era justo y no quería difamarla, resolvió repudiarla en privado. Así lo tenía planeado, cuando el ángel del Señor se le apareció en sueños y le dijo: «José, hijo de David, no temas tomar contigo a María, tu mujer, porque lo engendrado en ella es del Espíritu Santo. Dará a luz un hijo, y le pondrás por nombre Jesús, porque él salvará a su pueblo de sus pecados». Todo esto sucedió para que se cumpliese lo dicho por el Señor por medio del profeta: «Ved que la virgen concebirá y dará a luz un hijo, y le pondrán por nombre Enmanuel, que traducido significa "Dios con nosotros"». Despertándose José del sueño, hizo como el ángel del Señor le había mandado, y tomó consigo a su mujer. Y sin haber mantenido relaciones dio a luz un hijo, y le puso por nombre Jesús (Mt 1,18-25).

En este relato hay muchas cosas que nos pueden ayudar a reflexionar también sobre el misterio de la vocación de cada uno de nosotros. Lo primero que nos llama la atención es la bondad de José, que a pesar de saber que, según la ley de su pueblo, su prometida esposa María debería morir apedreada, por su aparente infidelidad, él prefiere repudiarla en secreto, con tal de preservarle la vida. Seguramente era muy grande el amor que tenía José a su novia;

y al sentirse supuestamente engañado, en lugar de denunciarla para hacerle pagar su aparente burla, decide más bien conservar ese sufrimiento en el secreto de su corazón.

Otro detalle muy interesante es el silencio de José. En todo el Nuevo Testamento no se reporta ni siquiera una palabra suya. Tampoco aquí, en el relato de su vocación: no hay ni objeciones ni respuestas explícitas; pero eso sí, la obediencia de sus hechos, pues «hizo como el ángel del Señor le había mandado».

Muchas veces a nosotros nos puede pasar lo mismo que a José, que no necesitemos palabras ni elocuencia especial para responder a la llamada del Señor. Lo importante es la fe y la obediencia a los planes que Él tiene para nosotros. Esto sí que es lo esencial en cualquier vocación: la *fe* en Aquel que nos llama y en sus palabras, junto a la *obediencia* a sus mandatos, y una obediencia que se demuestra de inmediato y en hechos concretos.

El caso de José nos enseña también a estar muy atentos para percibir e interpretar la voluntad de Dios en las cosas sencillas y cotidianas: un sueño, un encuentro con alguna persona especial, una lectura, un acontecimiento triste o alegre de la existencia, una celebración religiosa vivida con atención, un momento de reflexión personal, un buen consejo de un amigo, en fin, son muchos los canales sencillos de comunicación que puede usar Dios para transmitirnos su proyecto para nuestra vida.

No necesitamos ser personas influyentes o de una determinada categoría social, no debemos ser brillantes en el campo académico, ni tener una fortuna, para que Dios se fije en nosotros y nos llame a colaborar en su proyecto. Ahí está san José; el joven carpintero, trabajador, pobre y corto de palabras; que incluso ya tenía programado su futuro como esposo y cabeza de una familia, según las tradiciones de su pueblo. Y, sin embargo, Dios pensó en él para una misión muy especial: la de ser padre adoptivo de su Hijo encarnado.

Lo que sí es importante es la rectitud de intenciones, la sustancial bondad humana que será luego materia prima en la obra de Dios. José era un hombre justo y bueno; amigo y defensor de la vida humana, por encima de cualquier ley, por sagrada que pareciera, como la Ley de Moisés. En lugar de hacer cumplir la ley, José respetó la vida de su prometida esposa. Seguramente tuvo que ser muy difícil para él perdonar aquello que parecía una terrible infidelidad. Pongámonos cada uno de nosotros en el lugar de José; supongamos que estamos ya comprometidos en matrimonio y nuestra novia resulta embarazada. ¿Cómo reaccionaríamos nosotros?

La bondad de José lo llevó a comprender que detrás de esos acontecimientos, que parecían tan decepcionantes y dolorosos, se escondía el plan de Dios. Por eso, a su bondad natural se unió la fe y produjeron la obediencia al diseño salvífico del Señor. Como José, debemos, entonces, cultivar esa buena dosis de bondad que nos ayude a interpretar la voluntad de Dios y que nos comprometa siempre en la defensa de la vida, como prioridad sobre cualquier otra ley humana. Partiendo de allí, podremos asumir y llevar a feliz término la vocación y misión que Dios quiere confiarnos.

12

San Juan Bautista:
precursor de Cristo y mártir de la verdad

Según los datos del Nuevo Testamento y de la tradición de la Iglesia, Juan era primo de Jesús. Fue concebido con la intervención divina, pues sus padres Zacarías e Isabel eran ya ancianos, y además Isabel era estéril. Le tocó la noble pero difícil tarea de ser el precursor del Mesías; es decir, aquel que vino a preparar al pueblo para que recibiera al Enviado prometido y esperado desde hacía tantos siglos.

La vida del Bautista no fue nada fácil. Su consagración total a la misión que Dios le había confiado le supuso una serie de renuncias y un estilo de vida muy sobrio, según el que correspondía a los «nazires» o «nazareos», que eran una especie de monjes, un tanto apartados del mundo y dedicados por completo a la penitencia y la austeridad en el servicio de Dios y a la predicación en medio del pueblo.

San Mateo nos da algunos de estos detalles:

Por aquellos días se presentó Juan el Bautista, proclamando en el desierto de Judea: «Convertíos porque ha llegado el reino de los cielos». Este es de quien habló el profeta Isaías cuando dice: «Voz del que clama en el desierto: "Preparad el camino del Señor, allanad sus sendas"».

Tenía Juan su vestido hecho de pelos de camello, con un cinturón de cuero a la cintura, y su comida eran langostas y miel silvestre. Acudían entonces a él de Jerusalén, de toda Judea y de toda la región del Jordán, y eran bautizados por él en el río Jordán, confesando sus pecados. Pero viendo venir a muchos fariseos y saduceos para que los bautizara, les dijo: «Raza de víboras, ¿quién os ha enseñado a huir de la ira inminente? Dad, pues, fruto digno de conversión, y no creáis que basta con decir en vuestro interior: "Tenemos por padre a Abrahán"; porque os digo que puede Dios de estas piedras suscitar hijos a Abrahán. Ya está el hacha puesta en la raíz de los árboles; y todo árbol que no dé fruto será cortado y arrojado al fuego. Yo os bautizo con agua para que os convirtáis, pero Aquel que viene detrás de mí es más fuerte que yo, y no soy digno de desatarle las sandalias. Él os bautizará con Espíritu Santo y fuego. En su mano tiene el rastrillo y va a limpiar su cosecha: recogerá el trigo en el granero, pero la paja la quemará con fuego que no se apaga» (Mt 3,1-12).

La claridad y valentía con las que predicaba Juan Bautista, para preparar el camino del Señor, le trajeron consigo desprecio y persecución. Fue encarcelado por orden de Herodes, a quien Juan le denunciaba abiertamente su pecado. Y a consecuencia de intrigas y triquiñuelas, finalmente fue decapitado. Así selló con su sangre su testimonio de fidelidad a la misión que Dios le había confiado.

La historia de Juan Bautista se repite a lo largo de la historia en tantas personas sinceras y honestas que se comprometen con la verdad hasta las últimas consecuencias. Conocemos muchos testimonios elocuentes de cristianos laicos, catequistas, religiosos y religiosas, sacerdotes y pastores que han sido sacrificados vilmente por su decidido compromiso a favor de la justicia, la verdad, la paz y la defensa de la vida, especialmente la vida de los pobres y marginados, despojados de sus derechos y de las condiciones de vida digna. Son muchos los «Bautistas» que han seguido gritando y denunciando el pecado de los «Herodes» de todos los tiempos hasta nuestros días.

Nuestra vocación cristiana, y cualquier otra forma de consagración a Dios, implica necesariamente el compromiso profético de anunciar el mensaje de la conversión, denunciar toda forma de pecado personal y social, y un denodado trabajo para disponer los corazones de todos a recibir al Mesías y seguir sus enseñanzas. En este sentido, cada uno de nosotros es también un «precursor» del Señor. No somos dignos ni siquiera de desatarle las correas de sus sandalias, pero fuimos llamados por Dios para ser una «voz» en medio del desierto de nuestra sociedad.

En este desierto de frivolidad y mediocridad que inunda nuestro mundo, debemos alzar esa «voz» que clama justicia, que defiende los auténticos valores humanos y espirituales, que se compromete en la causa de la verdad y la libertad; que pide respeto por la vida, la dignidad y los derechos de todas las personas, sobre todo de aquellas que los sistemas políticos y económicos ultrajan, despojan y oprimen.

Tal vez tengamos que pagar con la propia cabeza, como le sucedió al Bautista; pero esa conclusión sería la mejor garantía de autenticidad y fidelidad a nuestra vocación bautismal. No temamos a los «Herodes» que tienen el poder humano, pero que jamás podrán arrancarnos la fe y la esperanza en el reinado de Dios. Como Juan Bautista, seamos también nosotros testimonios de la luz (cf Jn 1,6-8), en medio de tanta oscuridad de egoísmo y violencia, corrupción y engaño, abusos de poder e injusticia social. Proclamemos sin miedo el mensaje de la conversión, como actitud conveniente para quien desea aceptar de verdad al Mesías en su vida y en sus proyectos y compromisos.

Como precursores del Mesías, empecemos por llevar nosotros mismos una vida diferente a la que el mundo propone como ideal, según los criterios del consumismo y el neocapitalismo salvaje que domina en nuestros países. Que nuestro estilo de vida sea alternativo, como lo fue el del Bautista, de modo que se convierta en denuncia y profecía. A esta vocación nos compromete el bautismo recibido y cualquier otra forma de consagración en la Iglesia.

13

Jesús:
ungido y enviado como liberador

Llegamos a la vocación por excelencia: la del Hijo de Dios encarnado. Acerca de la vocación de Jesús habría mucho que decir. Tendríamos que repasar todo el Nuevo Testamento y encontrar en cada página referencias directas a la misión de Jesucristo. Pero como nuestro interés no es hacer un tratado teológico, sino simplemente acercarnos al misterio de la vocación, vamos a elegir un solo texto que nos ilumine.

San Lucas, después de haber hecho una gran y magistral introducción a todo su evangelio, presentando el nacimiento y la infancia de Jesús, nos ofrece un precioso relato en el que describe la inauguración oficial y solemne del ministerio público de Jesucristo. Después de su bautismo y de las tentaciones en el desierto, el Señor Jesús va al pueblo donde se crio, para presentar a sus paisanos las características de su misión. Con toda razón podemos considerar este pasaje como el relato de la vocación del Salvador. Concretamente, Lucas nos dice:

Vino a Nazaret, donde se había criado, entró, según su costumbre, en la sinagoga el día de sábado, y se levantó para hacer la lectura. Le entregaron el volumen del profeta Isaías, desenrolló el volumen y encontró el pasaje donde estaba escrito: «El Espíritu del Señor está sobre mí, porque me ha ungido. Me ha enviado para anunciar a los pobres la Buena Nueva, para proclamar la liberación a los cautivos y la vista a los ciegos, para dar la libertad a los oprimidos y proclamar un año de gracia del Señor».

Enrolló el volumen, lo devolvió al ayudante y se sentó. En la sinagoga todos los ojos estaban fijos en él. Comenzó, pues, a decirles: «Esta Escritura que acabáis de oír se ha cumplido hoy». Y todos daban testimonio de él y estaban admirados de las palabras llenas de gracia que salían de su boca...

Hasta aquí todo va muy bien; sin embargo, esa admiración y alegría de sus paisanos muy pronto se transformará en agresividad, e incluso en intento de asesinato, cuando tenga Él que reprocharles su sed de signos y milagros, no como producto de la fe, sino más bien en sustitución de la misma. Al llamarles la atención, recibe una brusca respuesta:

Y decían: «¿Acaso no es este el hijo de José?». Jesús les dijo: «Seguramente me vais a decir el refrán: "Médico, cúrate a ti mismo". Todo lo que hemos oído que ha sucedido en Cafarnaún, hazlo también aquí, en tu patria». Y añadió: «En verdad os digo que ningún profeta es bien recibido en su patria» (Lc 4,16-24).

Las palabras de Jesús provocan tanta ira en su audiencia, que incluso lo llevaron a una altura escarpada, con intención de despeñarlo, pero Él se abrió camino entre ellos y se alejó tranquilamente.

Pero más importante que la curiosa reacción de los paisanos de Jesús, es el contenido mismo de la misión que Él recibió de parte del Padre celestial en beneficio de toda la humanidad. Haciendo suyas las palabras proféticas de Isaías, Cristo asume como tarea y proyecto de vida la obra evangelizadora: es decir, dar buenas noticias a la humanidad. Y esas buenas noticias (= Evangelio) tienen una carga especial de esperanza para los pobres, para quienes sufren. Proclama que trae la liberación a los oprimidos, la vista a los ciegos, y para todos, el anuncio de un tiempo de misericordia de parte de Dios.

Como Jesús siempre cumplió sus promesas, esos beneficios se realizaron efectivamente entre la gente sencilla de su pueblo. De hecho, cuando más tarde Juan el Bautista mandó emisarios a Jesús para preguntarle si de verdad Él era el Mesías, o debían esperar a otro, el Señor les respondió:

Id y anunciad a Juan lo que habéis visto y oído: los ciegos ven, los cojos andan, los leprosos quedan limpios, los sordos oyen, los muertos resucitan, a los pobres se les anuncia la Buena Nueva. ¡Y dichoso aquel que no se escandalice de mí! (Lc 7,22-23).

Un detalle que no debemos perder de vista es que todo esto que hacía el Señor, y que era parte fundamental de la misión confiada por el Padre Dios, Jesús lo cumplía por obra y bajo la acción del Espíritu Santo, que era quien lo había ungido para tal fin.

Ahora bien, la vocación de cada uno de nosotros, bautizados, no puede ser distinta de aquella de Jesús. Cada cristiano debe continuar realizando la obra de Jesús, por lo tanto, debe ser anunciador de buenas noticias para los pobres. Y en medio de tantas situaciones de injusticia, violencia, empobrecimiento generalizado, atropellos contra los más humildes e indefensos, ¡cuánta falta hacen los profetas de la esperanza!, personas que inspiren optimismo e infundan ánimo a los abatidos.

Los sistemas políticos y económicos que rigen nuestros pueblos provocan muchas situaciones de opresión y marginación. Se hace urgente el compromiso de cristianos auténticos que cooperen en la tarea de la promoción humana y la liberación cristiana de las víctimas de dichos sistemas inhumanos e injustos. Son todavía muchas las cegueras que producen el egoísmo y la violencia en nuestra sociedad. ¡Ojalá hubiese más gente empeñada en sanar tantas cegueras, sorderas, mudeces y cojeras que esclavizan a tantos hermanos!

En un mundo materializado y frívolo, superficial y hedonista, se necesitan muchas vocaciones animadas por el Espíritu Santo, que unge y santifica para realizar fielmente la tarea que Dios encomienda a sus llamados.

14

Los doce apóstoles:
tan distintos y tan iguales

Con cierta frecuencia pensamos que para ser discípulo de Jesús se requieren cualidades y capacidades excepcionales. Cuando constatamos nuestra fragilidad y nuestras limitaciones en varios campos, tenemos la impresión de no ser idóneos para asumir la responsabilidad que significa el seguimiento de Cristo. Es verdad que nunca nadie tendrá suficientes méritos para creerse con derecho a reclamar el privilegio de ser discípulo del Señor. La vocación y la elección siempre serán un don de Dios, que parte de su libre iniciativa y no de nuestras capacidades o méritos.

Sin embargo, tal vez nos animemos al descubrir que entre los doce apóstoles de Jesús hubo personas muy semejantes a nosotros y, por lo tanto, carentes de méritos especiales. Pedro no era «una perita en dulce», con la misma facilidad con que defendía al Maestro y le prometía fidelidad, llegaba también a reprocharle su propósito de asumir su misión hasta las últimas consecuencias (cf Mc 8,31-33), o incluso lo negaba repetidas veces ante una modesta criada (cf Mt 26,69-75). Santiago y Juan no eran mejores que Pedro; no por casualidad Jesús los llamó «hijos del trueno», porque pidieron lluvia de fuego que consumiera a los pueblos que se resistían a creer; y además de eso eran ambiciosos, pues habían pedido a Jesús los mejores cargos en su reino, razonando con criterios humanos materialistas; y, claro está, provocando la envidia del resto de los discípulos (cf Mc 10,35-40).

Y eso, por referirnos solo a los tres más mencionados entre los discípulos; pero no olvidemos que entre los otros hubo también un fanático guerrillero (Simón, el zelote), un pecador público por ser recaudador de impuestos (Mateo), un pragmático que no daba crédito a nada que no pudiera comprobar con los sentidos (Tomás), e incluso un traidor, que terminó vendiendo al Maestro por treinta miserables monedas de plata (Judas Iscariote).

Y a pesar de todo esto, Jesús quiso llamarlos para una tarea fundamental: la de ser columnas de su Iglesia. Como sucedió con los Doce, también con nosotros, no es que Jesús nos haya llamado porque seamos buenos, sino, más bien, para que seamos buenos. Con brevísimas pero elocuentes expresiones, san Marcos nos dice en qué consistió la vocación y la misión de los Doce:

> Jesús subió al monte y llamó a los que Él quiso; y vinieron junto a Él. Instituyó doce, para que estuvieran con Él, y para enviarlos a predicar con poder de expulsar los demonios (Mc 3,13-15).

Como ya dijimos, la vocación no es iniciativa ni mérito humano; es el fruto de la libre y amorosa iniciativa de Jesús, que es quien llama. A los Doce los invitó Jesús a su seguimiento no porque fueran los mejores ni los más brillantes entre todos sus discípulos. Los escogió simplemente porque así lo quiso; o como diríamos en lenguaje coloquial, «porque le dio la gana». Y semejante decisión tan importante, el Señor no la improvisó ni la tomó como un juego. Por eso dice el evangelista que, antes de ello, Jesús subió al monte a orar. Incluso, san Lucas dirá que pasó toda la noche en oración (cf Lc 6,12ss), porque necesitaba que la elección que estaba por hacer fuera rubricada y confirmada por el Padre Dios y por el Espíritu Santo.

Son dos los elementos primordiales y complementarios de la vocación de todo seguidor de Jesucristo: el discipulado –estar con Cristo– y el apostolado –ser enviado a predicar–. No puede darse el uno sin el otro; o sea, no se puede ser excelente discípulo del Maestro, permaneciendo en el intimismo egoísta de la amistad con Él, sin pensar en los otros, sin sentirse enviado a comunicar la experiencia de lo que se ha aprendido a los pies del Maestro Divino.

Pero tampoco se puede ser óptimo apóstol sin tener al mismo tiempo la radical experiencia de intimidad con Cristo. Y este «estar con Cristo» es mucho más que un estar estático físico; se trata de un estar vivencial, una comunión y una sintonía permanentes con Él. El discipulado debe comprobarse como auténtico en el servicio a los hermanos –apostolado–; y, al mismo tiempo, el trabajo de evangelización y de promoción humana requiere como elemento fundamental la vida de oración, la comunión y la comunicación permanentes con Cristo, que alimenta y da garantía de eficacia a la misión.

En definitiva, contemplación y acción han de ir juntas en todo discípulo de Cristo que quiera ser auténtico. La sola contemplación, sin acción apostólica, sería una piedad estéril y alienante; pero del mismo modo, la sola acción sin la contemplación se reduce a activismo y pierde su carácter de verdadero apostolado. Los dos elementos, armoniosamente integrados, caracterizan al seguidor de Cristo, dan sentido a su existencia y garantizan eficacia y abundantes frutos a su trabajo en la extensión del reinado de Dios.

15

San Pedro:
llamado a ser pescador de hombres

Aunque ya nos hemos acercado a la vocación de los doce apóstoles, conviene considerar aparte el caso de san Pedro; no solo porque fue él a quien Jesús encargó la misión de «administrar las llaves de su reino» (cf Mt 16,18-19), sino también porque su testimonio, los altibajos de su fe y las circunstancias tan especiales que caracterizaron su seguimiento de Cristo, pueden ayudarnos a comprender que la vocación no es para los ángeles, sino para personas humanas, con sus limitaciones y sus grandezas.

El relato de la vocación de Pedro lo encontramos en el contexto del llamamiento que hace Jesús a sus primeros cuatro discípulos: dos parejas de hermanos. Será tan importante el episodio, que lo encontramos narrado en los tres evangelios sinópticos, es decir, en Mateo, Marcos y Lucas. Tomemos, por ejemplo, el relato de Mateo:

> Caminando por la ribera del mar de Galilea, Jesús vio a dos hermanos, Simón, llamado Pedro, y su hermano Andrés, echando las redes en el mar, pues eran pescadores, y les dice: «Venid conmigo, y os haré pescadores de hombres». Y ellos al instante, dejando las redes, lo siguieron. Caminando adelante, vio a otros dos hermanos, Santiago el de Zebedeo y su hermano Juan, que estaban en la barca con su padre Zebedeo arreglando sus redes; y los llamó. Y ellos al instante, dejando la barca y a su padre, lo siguieron (Mt 4,18-22; cf Mc 1,16-20; Lc 5,1-11).

Lo primero que nos llama la atención es que se trata de una llamada inesperada y sorpresiva, casi imprudente, pues Pedro y su hermano estaban ocupados en su trabajo habitual como pescadores. Podríamos pensar nosotros que Jesús, al menos, hubiera debido esperar a que terminaran su faena de pesca para luego llamarlos; sin embargo, el Señor quiso interrumpir el ritmo cotidiano de la vida de Pedro, para remitir a un contexto espiritual y darle significación nueva a la actividad material que desempeñaba.

Probablemente nos ha pasado a nosotros lo mismo que a Pedro; estábamos realizando nuestras actividades cotidianas, ya sea de trabajo o de estudio, cuando de repente se presentó Jesús en nuestra vida, a través de alguna persona especial o de un acontecimiento, o cualquier otro signo con el que nos sacó de la cotidianidad de nuestras tareas ordinarias, para encargarnos también a nosotros la misión de ser «pescadores de hombres»; es decir, para ganar para Dios a muchos hermanos. Puede ser que a nosotros nos haya parecido inoportuna la intervención de Jesús en el ritmo de nuestra vida; tal vez hubiésemos preferido que la llamada nos llegara antes o después del buen trabajo que habíamos logrado conseguir, o antes o después del estudio que estábamos adelantando. Sin embargo, el tiempo de nuestros propios proyectos y caprichos no siempre coincide con el tiempo de Dios.

Otro aspecto que puede llamar nuestra atención en el relato es lo extraño de la misión para la cual llama a Pedro y a su hermano: ser pescadores de hombres, ¿qué significa esto? ¿Acaso es como ponerse al servicio de una especie de reclutamiento para las filas de Jesús? Puede ser que sí, pero no a la manera simplista como pudiéramos pensar: no hay que forzar a nadie, pues la vida cristiana es una propuesta que deja intacta la libertad de las personas a aceptarla o rechazarla. Más que «traer» a otros a este estilo de vida de Jesús, hay que «atraerlos». Cuando nos vean tan felices y realizados en nuestro seguimiento del Señor, entonces muchos se sentirán motivados a emprender la misma aventura.

A Pedro el Señor le cambia el destino, pero aprovechando sus capacidades y talentos; de alguna manera quiere que siga haciendo lo que venía haciendo, pero con criterios y características nuevas: antes eran peces los que recogía, ahora serían personas las que debía ganar para Cristo, pero siempre será una pesca. Probablemente con nosotros puede pasar lo mismo; es decir, el estilo de vida al que nos llama Jesús no es extraño ni extraordinario. A veces pensamos que este «cuento» de la vocación implica asumir hábitos estrambóticos, costumbres raras o sacrificios exagerados. En realidad, la vida del discípulo de Jesús es muy normal; sana pero normal, como la de cualquier persona, pues la llamada de Jesús se dirige no a los ángeles, sino a las personas humanas que quieran aceptar la invitación.

Más que estilos de vida raros o complicados, lo que Jesús espera de nosotros es disponibilidad y generosidad en nuestra respuesta; como Pedro y su hermano Andrés, quienes, al escuchar la llamada del Maestro, «al instante dejaron las redes y lo siguieron». Aquel «al instante» manifiesta la prontitud que requiere la respuesta vocacional; y es que son muy urgentes las situaciones y las necesidades a las que se debe responder. En sociedades como la nuestra, marcadas por egoísmos, odios, violencias, injusticias, maltrato de los indefensos, atropellos contra la dignidad y los derechos de las personas..., no podemos demorar nuestro sí al Señor; es necesario que cuanto antes nos pongamos en camino para colaborar en la obra de Jesús: la instauración y la difusión del reinado de Dios en nuestro mundo.

La expresión «dejaron las redes» puede representar la necesaria superación de una vida pasada, con sus preocupaciones y ocupaciones, con sus rutinas y fatigas, para emprender un destino nuevo, aquel que nos señale Jesucristo. Las redes simbolizaban su trabajo, su pasado, incluso también su seguridad de sustento. Eso pasa a un segundo plano, ante la urgencia de responder al llamamiento que nos formula el Señor. Es una realidad que implica una opción fundamental de entrega al proyecto de Dios, y de renuncia a los proyectos personales mezquinos o egoístas, a las propias seguridades en las que basamos nuestra vida, para poder poner la confianza absoluta en Dios y su reino.

«Y lo siguieron», afirma el evangelista. Es decir, que una vez que se ha asumido la conciencia de cuán urgente es la respuesta a la llamada de Jesús, y después también de haber dado el paso del desprendimiento de nuestras seguridades y proyectos, solo entonces quedamos de verdad libres para emprender el seguimiento del Señor, con todo lo que este implica. Se trata, pues, de tomar como proyecto de vida la persona y la obra del Maestro Divino; ir tras sus huellas, que son huellas de pobreza, de castidad, de obediencia, de libertad y amor, de solidaridad y entrega de la vida. Seguir a Cristo exige recorrer con Él el camino del servicio, de la evangelización y, sobre todo, el sendero del misterio pascual, que pasa por la muerte, pero que conduce finalmente a la resurrección y la vida eterna.

16

Mateo y Zaqueo: *ladrones a quienes Dios robó el corazón*

¿Quién dijo que los ladrones no pueden llegar a ser discípulos de Jesús? Aunque parezca extraño, Mateo –llamado también Leví– y el pequeño Zaqueo nos enseñan que sí es posible convertirse en seguidor y apóstol del Señor, a pesar de llevar encima una fama poco recomendable. Mateo era recaudador de impuestos, lo cual significaba no solo ser colaboracionista con el imperio opresor que dominaba a su propio pueblo, sino que además podía significar ser un ladrón, pues alguna parte de lo recaudado iba a parar al bolsillo del recaudador, que los judíos también llamaban «publicano». Todo esto hacía que quien desempeñara este trabajo, como era el caso de Mateo, fuera despreciado y visto como un pecador público, y como un traidor de la propia patria.

Solo a Jesús se le podía pasar por la cabeza la «locura» de escoger a uno de «estos tipos despreciables» para convertirlo en su discípulo. Se necesita tener mucha libertad interior para hacer lo que hizo Jesús, sin importarle los prejuicios ni el «qué dirán» de los judíos más piadosos y cumplidores de la Ley. Pero dejemos que sea el mismo Mateo quien nos cuente cómo fue que aconteció tan inesperada llamada por parte del Señor:

Cuando se iba de allí, al pasar vio Jesús a un hombre llamado Mateo, sentado en el despacho de impuestos, pues era recaudador, y le dice: «Sígueme». Él se levantó y le siguió. Y sucedió que estando él a la mesa en la casa, vinieron muchos publicanos y pecadores, y se sentaban con Jesús y sus discípulos. Al verlo, los fariseos decían a los discípulos: «¿Por qué vuestro maestro come con los publicanos y pecadores?». Mas él, al oírlo, dijo: «No necesitan médico los sanos, sino los enfermos. Id, pues, a aprender qué significa "Misericordia quiero, que no sacrificios". Porque no he venido a llamar a justos, sino a pecadores» (Mt 9,9-13).

Muy similar a este caso es el que se nos narra acerca de un curioso personaje llamado Zaqueo, llamado por Jesús en circunstancias igualmente inesperadas y hasta escandalosas, a los ojos de los «biempensantes» compatriotas de Jesús, especialmente los fariseos. El episodio nos lo narra solo san Lucas; además de divertido y ameno, el relato nos deja muchas enseñanzas. El evangelista nos dice:

Entró Jesús en Jericó y cruzaba la ciudad. Había un hombre llamado Zaqueo, que era jefe de publicanos, y rico. Trataba de ver quién era Jesús, pero no podía a causa de la gente, porque era de pequeña estatura. Se adelantó corriendo y se subió a un sicómoro para verle, pues iba a pasar por allí. Y cuando Jesús llegó a aquel sitio, alzando la vista, le dijo: «Zaqueo, baja pronto; porque conviene que hoy me quede yo en tu casa». Se apresuró a bajar y le recibió con alegría. Al verlo, todos murmuraban diciendo: «Ha ido a hospedarse a casa de un pecador». Zaqueo, puesto en pie, dijo al Señor: «Daré, Señor, la mitad de mis bienes a los pobres; y si en algo defraudé a alguien, le devolveré cuatro veces más». Jesús le dijo: «Hoy ha llegado la salvación a esta casa, porque también este es hijo de Abrahán, pues el Hijo del hombre ha venido a buscar y salvar lo que estaba perdido» (Lc 19,1-10).

Mateo no tenía muchos méritos que mostrar, ni especiales títulos de recomendación; al contrario, estaba entre la gente despreciable, y entre los marginados, a pesar de que era rico. Sin embargo, el Señor lo llama por pura gracia, por libre iniciativa suya y no porque él se hubiera «ganado» la vocación. El mérito de Mateo consistió en su respuesta a la gratuita llamada del Señor, pues sin dudarlo se levantó enseguida y siguió al Maestro Divino, y, no contento con eso, además le preparó un banquete en su casa, para celebrar la fiesta de su retorno a la comunión. Jesús, al aceptar la invitación de Mateo, dio motivo a los fariseos para que lo criticaran por juntarse con gente de tan mala reputación. Esta fue la ocasión propicia para que Jesús recordara las palabras del profeta Isaías, según las cuales, a Dios le importa y le agrada más un corazón arrepentido y dispuesto a la misericordia, que infinidad de sacrificios y ritos vacíos.

¿Cuántas veces nos hemos sentido nosotros como Leví o Mateo, excluidos o despreciados por una fama de comportamientos pasados poco recomendables, o contados entre los «pecadores públicos», o entre los ladrones que han defraudado y traicionado a la patria? En esa situación creemos que es imposible que Dios nos llame a su servicio. Al fin y al cabo –pensamos nosotros equivocadamente– Dios solo llama a los buenos, a los que gozan de buena fama y prestigio de santidad. Creemos que Dios no puede fijarse en nosotros, cuando no tenemos méritos que exhibir. ¡Y nos equivocamos! Tanto Mateo y Zaqueo, como la historia de tantos santos a lo largo de los siglos –Agustín, Francisco de Asís, Ignacio de Loyola, Camilo de Lelis, por citar solo algunos de los más reconocidos–, nos demuestran que ante Dios nunca se tendrán suficientes méritos para reclamarle nada; que la vocación es una llamada gratuita y no depende de «haber acumulado puntos» para reclamarla en premio. «Dios no llama a los capacitados, sino que capacita a los que ha llamado».

Lo que importa es tener un corazón y una voluntad dispuestos a la conversión. Como Zaqueo, que tan pronto se sintió tocado por la gracia de Dios respondió con una actitud de solidaridad, de compartir, de resarcimiento de los robos y los fraudes cometidos. Su baja estatura, que parecía un impedimento adicional para ser tenido en cuenta por Jesús, fue superada por el misterio del amor de Dios. Así nosotros, si nos sentimos pequeños e indignos de recibir la invitación al seguimiento de Cristo, podemos estar, más bien, en la disposición necesaria –humildad– para dicha vocación.

Zaqueo recibe con gran alegría a Jesús en su casa, que sin reparos acepta su hospitalidad. Si el Señor se hubiera dejado condicionar por los prejuicios morales, nunca hubiéramos asistido a la conversión de este afortunado «bajito», y nunca hubiera entrado la salvación bajo el techo de semejante personaje. Eso sí, el encuentro con el Maestro desencadena un proceso de conversión que debe llevarnos a actitudes y gestos de solidaridad y caridad hacia nuestros hermanos. Y ahí está la clave: en saber corresponder a la gracia y la misericordia de Dios, que perdona nuestros pecados, pero espera nuestro arrepentimiento y nuestro cambio de mentalidad y de actitudes.

17

El joven rico:
perfecto ejemplo de una vocación imperfecta

No todos los que reciben la llamada de Jesús le responden positiva y generosamente; ahí entra el misterio de la libertad humana: el Señor nos invita a seguirlo, pero no nos obliga a hacerlo. Tanto la vida cristiana en general, como otros estilos vocacionales de especial consagración –como el sacerdocio o la vida religiosa–, son una propuesta, nunca una imposición. Esto es lo que encontramos personificado en aquel «joven rico» que nos relatan los tres evangelistas sinópticos, o sea, Mateo, Marcos y Lucas.

Tomemos, por ejemplo, el evangelio de Marcos para acercarnos a este famoso episodio y para extraer de allí la enseñanza que pueda dejarnos para nuestra vida cristiana y para nuestro proceso de discernimiento vocacional. Aunque es ligeramente extenso el relato, vale la pena recordarlo entero:

Cuando Jesús se puso en camino, llegó uno corriendo, se arrodilló ante Él y le preguntó: «Maestro bueno, ¿qué he de hacer para heredar la vida eterna?». Jesús le respondió: «¿Por qué me llamas bueno? Nadie es bueno fuera de Dios. Conoces los mandamientos: no matarás, no cometerás adulterio, no robarás, no darás falso testimonio, no defraudarás, honra a tu padre y a tu madre». Él le contestó: «Maestro, todo eso lo he cumplido desde pequeño». Jesús lo miró con cariño y le dijo: «Una cosa te falta: anda, vende todo lo que tienes, da el dinero a los pobres y tendrás un tesoro en el cielo; luego ven y sígueme». Ante estas palabras, el joven se afligió y se marchó muy triste, pues era muy rico. Jesús miró en torno y dijo: «Qué difícil es que los ricos entren en el reino de Dios». Los discípulos se asombraron de lo que decía. Pero Jesús insistió: «¡Qué difícil es entrar en el reino de Dios! Es más fácil para un camello pasar por el ojo de una aguja que para un rico entrar en el reino de Dios». Ellos quedaron espantados y se decían: «Entonces, ¿quién puede salvarse?». Jesús se les quedó mirando y les dijo: «Para los hombres es imposible, pero no para Dios; porque todo es posible para Dios» (Mc 10,17-27; cf Mt 19,16-30; Lc 18,18-30).

Lo primero que nos sorprende en el relato es el anonimato en que permanece el protagonista. Mientras en las vocaciones que sí se realizan y llegan a plenitud se nos dan los nombres propios de los llamados que supieron responder, en este caso los evangelistas no nos indican ni siquiera su nombre, era «uno cualquiera», que se mantiene en incógnito. A pesar de que se trataba de una persona aparentemente muy buena, pues desde pequeño había cumplido todos los mandamientos de la ley de Dios y se había esforzado por llevar una vida según su voluntad. No obstante, en su corazón aquel joven percibía que debía dar un paso más allá; que no bastaba con el cumplimiento minucioso de las leyes y normas; que había que hacer algo más, para heredar la vida eterna.

Y el joven tenía el noble propósito de trascender la ley y avanzar en su proceso de perfección en la fe. Hasta ahí, todo parecía excelente, pero, entonces, ¿qué falló? Si Jesús, hasta lo miró con cariño y no puso en duda que efectivamente hubiera sido fiel cumplidor de los preceptos y normas, ¿qué pasó para que terminara mal la historia, para que no escucháramos el famoso «y vivieron felices y comieron perdices»? Pues lo que falló fue lo esencial: la libertad y el amor.

Efectivamente, el joven tenía en su haber la ley cumplida, pero no tenía libertad frente a sus bienes, que eran muchos, y tampoco demostró tener amor hacia sus hermanos; de lo contrario, hubiera vendido todo, se hubiera desprendido de ataduras materiales, hubiera compartido sus bienes con los pobres antes de seguir a Cristo, y entonces sí hubiéramos tenido el final feliz que esperaríamos de la historia.

Cuando Jesús nos llama, lo que hace es ofrecernos una propuesta, nunca imponernos una opción. Allí entra el gran misterio de nuestra libertad. Invitados pero no obligados. Si no queremos desprendernos de nuestros –muchos o pocos– bienes materiales, Él no nos va a obligar; si no queremos compartir lo que somos y tenemos con los más pobres y necesitados, Él no nos va a forzar, pero eso sí, nos veremos privados de contarnos entre sus discípulos, aun habiendo sido invitados a ello.

Ahora bien, no se necesita ser rico y tener mucho dinero para sentirse apegado a los bienes; podemos aferrarnos a cualquier bagatela, y no solo de cosas, podríamos apegarnos también a opiniones, proyectos mezquinos, gustos o caprichos, que nos impiden responder libre y generosamente a la llamada del Señor.

Además, tengamos presente que no es suficiente con ser buenas personas, aunque esto sea un óptimo presupuesto. Hay que ir más allá de la simple bondad natural; más allá del puro cumplimiento estricto de las leyes, por divinas que sean. ¡No sea que por ese «algo más» terminemos excluidos –o en realidad sería «autoexcluidos»– de la gracia y la dicha que significa ser discípulo y apóstol del Maestro Jesucristo! Dios quiera que, además de esa bondad legal, podamos forjar también una bondad integral, que implica, como hemos ya dicho, libertad y amor para poder responder positivamente a quien nos llama.

En todo caso, el Señor siempre nos seguirá mirando con cariño, como al joven del evangelio. Tal vez con cariño y compasión, por no haber sido capaces de relativizar –no despreciar– los bienes materiales, anteponiéndolos al seguimiento de Cristo. Si es que nos cuesta trabajo el desprendimiento y la solidaridad, pero queremos intentar esta aventura, pidamos al Señor su gracia y su ayuda, recordemos las consoladoras palabras de Jesús: «Todo es posible para Dios».

18

Matías:
la difícil tarea de reemplazar a un traidor

Se equivocaban quienes pensaban que después que Jesús subió a los cielos, se había interrumpido y acabado el proceso de llamadas vocacionales en la historia de la Iglesia. La vocación y la elección de Matías es una prueba de aquella equivocación. En realidad, a través de sus mismos apóstoles y de la comunidad cristiana, el Señor sigue invitando a muchos hombres y mujeres generosos a seguir tras sus huellas. Eso fue lo que le pasó a Matías: fue designado por inspiración del Espíritu Santo y por consenso de la comunidad apostólica para que tomara el poco acreditado lugar que había dejado el traidor Judas entre los seguidores más cercanos de Jesús.

Lucas, en los Hechos de los apóstoles, nos refiere los detalles de esa llamada:

Uno de aquellos días, Pedro, puesto en pie ante los hermanos –ya que el número de los reunidos era de unos ciento veinte–, les dijo: «Hermanos, era preciso que se cumpliera la Escritura en la que el Espíritu Santo, por boca de David, había anunciado ya acerca de Judas, que fue guía de los que prendieron a Jesús. Porque era uno de los nuestros y obtuvo un puesto en este mismo ministerio. [...] Por tanto, es preciso que uno de los hombres que anduvieron con nosotros todo el tiempo que el Señor Jesús convivió con nosotros, a partir del bautismo de Juan hasta el día en que fue llevado de entre nosotros al cielo, tiene que ser con nosotros testigo de su resurrección». Presentaron a dos: a José, llamado Barsabás, por sobrenombre Justo, y a Matías. Entonces oraron así: «Tú, Señor, que conoces el corazón de todos, muéstranos a cuál de estos dos has elegido, para ocupar en el ministerio del apostolado el puesto del que Judas desertó para irse a su propio puesto». Les repartieron las suertes y la suerte cayó sobre Matías, que fue agregado al número de los doce apóstoles (He 1,15-26).

Ni siquiera fue un día especial aquel de la vocación-elección de Matías; le tocó contentarse con que fuera en un día común y corriente; por lo tanto, más que en circunstancias de fiesta o manifestaciones extraordinarias, a Matías le correspondió ser llamado por Dios en un modesto día de trabajo. Así, muchas veces, sucede con nosotros: si bien su llamada convierte en «especialísimo» aquel día, por lo general el Señor nos llama durante el tiempo ordinario de nuestra existencia; mientras estamos empeñados en la rutina de la vida cotidiana: «Uno de aquellos días», como dice Lucas. Precisamente, porque lo que implica la vocación no es tanto fiesta y rumba, sino trabajo y compromiso para santificar el día a día y el minuto a minuto de nuestra existencia.

Para dar cumplimiento a las Escrituras es elegido Matías, pues debe llenarse el vacío dejado por Judas, el traidor, para que los Doce sigan dando testimonio de la resurrección del Señor Jesús. Ahí está también insinuada la esencia misma de nuestra vocación cristiana, y de cualquier otra forma de vocación particular en la Iglesia, no puede ser otra la tarea que esta: dar testimonio de la resurrección de Jesús. ¿Cómo? Yendo con la Biblia bajo el brazo y gritando por las calles y plazas que «Jesús está vivo». Puede ser que sí, pero, seguramente, las formas de ser testigos del Resucitado en el mundo son más sencillas y eficaces, por ejemplo, viviendo coherentemente nuestros compromisos y nuestra dignidad de bautizados, siendo signos de paz y de reconciliación en nuestras propias familias y vecindarios, sabiendo perdonar las ofensas recibidas, irradiando la alegría de la pascua en nuestras relaciones interpersonales; cultivando la honestidad, la veracidad y la justicia en nuestras actitudes personales y comunitarias; defendiendo la dignidad y los derechos de nuestro prójimo, especialmente de los más pobres, marginados y sufridos.

La comunidad que se reúne con los apóstoles –Lucas dice que eran como ciento veinte personas–, antes de designar al discípulo que ocupará el puesto de Judas, ora y pide la asistencia divina para que ilumine y guíe la decisión que están a punto de tomar. Esto nos enseña la importancia capital que tiene la oración en nuestra vida. Sustentando nuestra vocación debe haber mucha oración, es decir, mucho diálogo con Dios y docilidad al Espíritu Santo. Efectivamente, muchos de nosotros podemos dar testimonio de que si no hubiera existido la oración fervorosa de nuestras abuelitas, nuestras madres y nuestros padres, nuestros amigos, nuestros párrocos, o los grupos apostólicos de nuestra parroquia, tal vez nunca hubiéramos llegado a descubrir la llamada del Señor, y menos aún hubiéramos podido responderle. Por eso, también nosotros, como protagonistas de esta historia vocacional, hemos de fundamentar nuestra respuesta a Dios en la oración, que es la roca firme que la sustenta, de lo contrario, las arenas movedizas de la superficialidad y la frivolidad de nuestra sociedad actual pueden hacer sucumbir todos nuestros buenos proyectos.

Finalmente, Lucas nos relata que Matías «fue agregado al número de los apóstoles». También este dato es importante, porque el trabajo debe ser hecho en equipo. Nuestra vocación no se entiende como la iniciativa personal y egoísta de querer construir un proyecto de vida piadoso. ¡Es mucho más que eso! Se trata de colaborar en la construcción y difusión del reinado de Dios; esa es la causa de Jesucristo, que se vuelve causa nuestra y misión de la Iglesia. Por eso no podemos ser islas o «francotiradores», cada uno por su lado. La obra para la que nos llama el Señor implica un profundo sentido de pertenencia a la comunidad; exige capacidad para trabajar en equipo y poner al hombre en la causa común. Fuera de la comunidad eclesial nuestro testimonio del Resucitado pierde valor y eficacia. El apostolado cristiano se hace en plural y no en singular, por eso, en lugar de jugar al «yo-yo», apostemos más bien al «nosotros».

19

San Pablo:
de fanático perseguidor a fervoroso apóstol

Con Pablo de Tarso llegamos al final de nuestro recorrido por el mundo bíblico de la vocación. Intencionadamente hemos querido dejarlo el último, para que estas modestas reflexiones no parezcan cerradas y acabadas, sino que queden abiertas. De hecho, con Pablo la obra evangelizadora se proyecta «hasta los confines del mundo» (cf He 1,8).

Sin lugar a dudas, la vocación de san Pablo es una de las más interesantes e importantes de toda la historia del cristianismo. Tan importante, que san Lucas la narra tres veces con todo lujo de detalles en los Hechos de los apóstoles. Aunque muchos de esos detalles son más poéticos y simbólicos que reales, vale la pena que nos acerquemos al clásico relato que nos ofrece san Lucas de este acontecimiento tan especial, que muchos llaman «conversión de san Pablo», que efectivamente lo fue, pero que nosotros preferimos considerar como la «vocación de san Pablo», pues fue, en efecto, la llamada de Jesús a Saulo de Tarso. Lucas nos presenta este momento decisivo para Pablo y para el cristianismo con los siguientes términos:

Entretanto Saulo, respirando todavía amenazas de muerte contra los discípulos del Señor, se presentó al sumo sacerdote, y le pidió cartas para las sinagogas de Damasco, para que, si encontraba algunos seguidores del camino, hombres o mujeres, los pudiera llevar presos a Jerusalén.

Sucedió que, yendo de camino, de repente lo envolvió una luz venida del cielo, cayó en tierra y oyó una voz que le decía: «Saulo, Saulo, ¿por qué me persigues?». Él preguntó:

«¿Quién eres, Señor?». Y respondió: «Yo soy Jesús, a quien tú persigues. Levántate y entra en la ciudad; allí te dirán lo que debes hacer». Los que lo acompañaban se quedaron atónitos, porque oían la voz pero no veían a nadie. Saulo se levantó del suelo y, aunque tenía los ojos abiertos, no veía nada; lo llevaron de la mano a Damasco, donde estuvo tres días sin ver y sin comer ni beber.

Había en Damasco un discípulo llamado Ananías, a quien el Señor llamó en una visión: «¡Ananías!». Y él respondió: «Aquí estoy, Señor». El Señor le dijo: «Vete rápidamente a la casa de Judas, en la calle Recta, y pregunta por un tal Saulo de Tarso, que está allí en oración y ha tenido una visión: un hombre llamado Ananías entraba y le imponía las manos para devolverle la vista». Ananías respondió: «Señor, he oído a muchos hablar de ese hombre y decir todo el mal que ha hecho a tus fieles en Jerusalén. Y está aquí con plenos poderes de los sumos sacerdotes para prender a todos los que te invocan». El Señor le dijo: «Anda, que este es un instrumento que he elegido yo para llevar mi nombre a los paganos, a los reyes y a los israelitas. Yo le mostraré cuánto debe padecer por mí». Ananías le impuso las manos y le dijo: «Saulo, hermano mío, vengo de parte de Jesús, el Señor, el que se te apareció en el camino por el que venías, para que recobres la vista y quedes lleno del Espíritu Santo». En el acto se le cayeron de los ojos como escamas, y recobró la vista; se levantó y fue bautizado. Comió y recobró las fuerzas. Y se quedó unos días con los discípulos que había en Damasco. Y enseguida se puso a predicar en las sinagogas, proclamando que Jesús es el Hijo de Dios… (He 9,1-20).

Comentar este hermoso pasaje bíblico implicaría tener que escribir montones de libros, por eso, lo que queremos es tratar de aplicar este episodio vocacional de Pablo a nuestra propia experiencia de llamados por Jesús para ser sus discípulos y apóstoles en el mundo.

Saulo era un perseguidor, pero no porque fuera un asesino malvado, un sádico que hace daño para sentir placer. ¡De ninguna manera!

Saulo perseguía a los cristianos porque estaba firmemente convencido de que era lo que Dios le pedía. Como buen fariseo, pensaba que los seguidores de Jesús ponían en peligro la integridad de la fe y de la tradición del pueblo de Dios, porque relativizaban el valor de la Ley y porque afirmaban que el Mesías ya había llegado y que, después de padecer mucho y ser crucificado, había resucitado de entre los muertos. Aunque los fariseos aceptaban la posibilidad de la resurrección, no toleraban la idea de un Mesías humillado y crucificado; además, la predicación de Jesús había sido bastante revolucionaria para la mentalidad más conservadora de los judíos. Saulo, al perseguir a los cristianos, cree estar glorificando a Dios, está convencido de hacer lo correcto.

A nosotros muchas veces nos puede pasar lo que le pasaba a Pablo cuando era fariseo; es decir, hacer cosas muy equivocadas, pensando que es la voluntad de Dios. Por eso necesitamos dejarnos encontrar por Cristo en el camino de nuestra vida, para que Él nos permita descubrir nuestras cegueras y hacer caer las escamas que no nos dejan ver la auténtica voluntad de Dios. Pero, para eso, es fundamental hacer experiencia de gratuidad, que fue lo que le sucedió a Pablo. En efecto, ante Jesús, Pablo no tenía ningún mérito que exhibir, al contrario, lo iba persiguiendo. Y no obstante, el Señor sale a su encuentro para convertirlo en el apóstol de los paganos. La vocación es, pues, un misterio de gratuidad y de amor. Nadie la merecería ni se la ganaría jamás: es regalo de Dios.

Después que ha caído, ciego y humillado, Pablo se levanta y debe aceptar la ayuda de otros, debe aprender a depender de otros para sobrevivir. También los llamados a ser discípulos de Cristo en este siglo tenemos que hacernos conscientes de que si hemos caído de nuestra soberbia y prepotencia, nuestras falsas seguridades y motivos de orgullo, debemos igualmente levantarnos y dejarnos ayudar por nuestros compañeros de camino, para proseguir en la búsqueda de la voluntad de Dios para nuestra vida. Sin importar nuestro pasado ni nuestras caídas, el

Señor Jesús quiere confiar en nosotros y hacernos instrumentos elegidos, como Pablo, para hacer llegar el nombre y el reinado de Cristo a todos los rincones del mundo.

Saulo, convertido en Pablo, recobra la vista y es colmado del Espíritu Santo para poder cumplir la tarea que el Señor quiere encomendarle. Así debe suceder con nosotros: debemos sabernos levantar de nuestras caídas, con la ayuda de la gracia de Dios, y dejarnos invadir del Espíritu del Resucitado, para podernos lanzar enseguida a predicar el Evangelio de Cristo. Con nuestra palabra, con nuestras obras y actitudes, debemos proclamar que efectivamente el Señor Jesús es el Hijo de Dios, el Mesías liberador; Aquel en quien podemos encontrar el sentido auténtico de nuestra existencia. De esta manera, nos transformaremos en apóstoles y misioneros, apasionados y valientes, generosos y entregados como Pablo, para el cual quedó pequeño el universo. Pues para un verdadero discípulo y apóstol de Jesús, el mundo es pequeño, los horizontes de su trabajo evangelizador son ilimitados y abiertos a todos los pueblos y culturas, y a «todo cuanto hay de verdadero, de noble, de justo, de puro, de amable, de buena fama, de virtuoso, de laudable…» (Flp 4,8).

¿Cómo mostrarte mis manos vacías,
cuando las tuyas están llenas de heridas?

¿Cómo explicarte a ti mi soledad,
cuando en la cruz alzado y solo estás?
¿Cómo explicarte que no tengo amor,
cuando tienes rasgado el corazón?

Ahora ya no me acuerdo de nada,
huyeron de mí todas mis dolencias.
El ímpetu del ruego que traía
se me ahoga en la boca pedigüeña.

Y sólo pido no pedirte nada,
estar aquí, junto a tu imagen muerta,
ir aprendiendo que el dolor es sólo
la llave santa de tu santa puerta.

(*Himno litúrgico*)

Nada te turbe

Nada te turbe,
nada te espante,
todo se pasa,
Dios no se muda,
la paciencia
todo lo alcanza;
quien a Dios tiene
nada le falta:
solo Dios basta.

(*Santa Teresa de Jesús*)

Índice